Charles Marie Kondé

Le pardon, un trésor bafoué

Charles Marie Kondé

Le pardon, un trésor bafoué

Pourquoi pardonner ou demander pardon aujourd'hui ?

Éditions Croix du Salut

Impressum / Mentions légales
Bibliografische Information der Deutschen Nationalbibliothek: Die Deutsche Nationalbibliothek verzeichnet diese Publikation in der Deutschen Nationalbibliografie; detaillierte bibliografische Daten sind im Internet über http://dnb.d-nb.de abrufbar.
Alle in diesem Buch genannten Marken und Produktnamen unterliegen warenzeichen-, marken- oder patentrechtlichem Schutz bzw. sind Warenzeichen oder eingetragene Warenzeichen der jeweiligen Inhaber. Die Wiedergabe von Marken, Produktnamen, Gebrauchsnamen, Handelsnamen, Warenbezeichnungen u.s.w. in diesem Werk berechtigt auch ohne besondere Kennzeichnung nicht zu der Annahme, dass solche Namen im Sinne der Warenzeichen- und Markenschutzgesetzgebung als frei zu betrachten wären und daher von jedermann benutzt werden dürften.

Information bibliographique publiée par la Deutsche Nationalbibliothek: La Deutsche Nationalbibliothek inscrit cette publication à la Deutsche Nationalbibliografie; des données bibliographiques détaillées sont disponibles sur internet à l'adresse http://dnb.d-nb.de.
Toutes marques et noms de produits mentionnés dans ce livre demeurent sous la protection des marques, des marques déposées et des brevets, et sont des marques ou des marques déposées de leurs détenteurs respectifs. L'utilisation des marques, noms de produits, noms communs, noms commerciaux, descriptions de produits, etc, même sans qu'ils soient mentionnés de façon particulière dans ce livre ne signifie en aucune façon que ces noms peuvent être utilisés sans restriction à l'égard de la législation pour la protection des marques et des marques déposées et pourraient donc être utilisés par quiconque.

Coverbild / Photo de couverture: www.ingimage.com

Verlag / Editeur:
Éditions Croix du Salut
ist ein Imprint der / est une marque déposée de
OmniScriptum GmbH & Co. KG
Heinrich-Böcking-Str. 6-8, 66121 Saarbrücken, Deutschland / Allemagne
Email: info@editions-croix.com

Herstellung: siehe letzte Seite /
Impression: voir la dernière page
ISBN: 978-3-8416-9889-6

Copyright / Droit d'auteur © 2013 OmniScriptum GmbH & Co. KG
Alle Rechte vorbehalten. / Tous droits réservés. Saarbrücken 2013

Le Pardon, un trésor bafoué

Charles Marie KONDE

Toutes les références bibliques mentionnées dans le présent ouvrage sont issues de cette édition :

Louis Segond, la Sainte Bible (Brésil : Alliance Biblique Universelle, 2008)

Table des matières

Préface	9
Dédicace	10
Remerciements	11
Introduction	12
Chapitre 1: Approche terminologique du pardon	14
A- Approche générale	14
B- Dans l'Ancien Testament	14
C- Dans le Nouveau Testament	15
Chapitre 2: Quelques réactions humaines face au pardon	16
A- Refuser de pardonner	16
B- Refuser de demander pardon	16
C- Pardonner selon les principes coutumiers ou traditionnels	18
D- Pardonner et revenir très souvent sur les faits	19
E- Décider de faire la volonté de Dieu	20
Chapitre 3: Le pardon dans le règlement des crises internationales	23
A- Aperçu des crises	23
B- Les raisons des échecs de médiations	24
C- Suggestion	26
Chapitre 4: Le pardon dans la vie de quelques personnages bibliques	28
A- Joseph	28
B- Job	30
1- Dans la vie conjugale (v1 ; v9-12)	30
2- Dans la vie spirituelle (v33)	30
3- Dans la vie morale (v5)	30
4- Face aux biens matériels et financiers (v24-25)	31

5- Dans les relations interhumaines (29-32)..31
C- David..32
D- Jésus..34

Chapitre 5: Les obstacles au pardon..35
A- la honte..35
B- L'orgueil..35
C- Les mauvaises compagnies..36
D- La dureté du cœur..36
E- La régression spirituelle..36
F- La culture..37

Chapitre 6: Les facilitateurs du pardon..38
A- La beauté intérieure..38
1- Les éléments qui composent l'être intérieur..39
a- Les différentes positions sur la question..39
b- Les différents éléments de l'être intérieur..40
2- Les deux états de l'être intérieur..42
a- Il peut être mauvais..42
b- Il peut être bon..43
3- Dieu et notre être intérieur..47
a- Avoir de bonnes dispositions de cœur..47
b- Etre soucieux de l'intérêt des autres..47
c- Demeurer dans la sanctification..48
B- L'action spirituelle..49
1- Prier et être vigilant..49
2- Recourir au Saint-Esprit..50
C- L'attitude positive vis-à-vis de l'offenseur..51
1- Selon les psychologues..51
2- Selon les Ecritures..52

Chapitre 7 : Pourquoi pardonner ou demander pardon..54
A- Le pardon émane de Dieu...54
1- Dieu est miséricordieux..54
2- Dieu pardonne...54
3- Dieu demande de pardonner..55
B- Du fait de « l'Imago Dei »..55
C- Refuser de pardonner profite au diable..56
D- Pardonner fait répandre la bonne odeur de Jésus-Christ............................56
E- Pardonner ou demander pardon est un acte de grandeur d'âme................58
1- Le pardon est une expression d'humilité...58
2- Le pardon est une expression de sagesse..59
3- Le pardon est une expression de responsabilité...59
4- Le pardon est une expression d'intelligence sociale...................................60
5- Le pardon est une expression d'hygiène sociale...60
F- Pour notre santé physique et spirituelle..61
G- Pardonner est une source de libération...61

Chapitre 8 : Les conséquences du manque de pardon..62
A- En cas de refus de pardonner..62
1- Conséquences physiques..62
2- Conséquences psychiques..63
3- Les conséquences sociales...63
4- Les conséquences spirituelles..64
5- Les conséquences émotionnelles...64
B- En cas de refus de demander pardon...65

Chapitre 9 : Les avantages à accorder le pardon ou à demander pardon............66
A- Les avantages à accorder le pardon..66
1- Sur le plan humain..66
a- La valorisation de l'esprit de l'individu..66

b- La restauration des relations interhumaines..66
2- Sur le plan social..67
3- Sur le plan psychologique..68
4- Sur le plan spirituel...68
B- Les avantages à demander pardon...69
1- Sur le plan moral...69
2- Sur le plan psychologique..70
3- Sur le plan spirituel...70

Chapitre 10 : Dans quelles circonstances demander pardon ?....................71
A- Quand quelqu'un a quelque chose contre nous....................................71
B- Quand nous offensons..72
1- Lorsque nous offensons Dieu...72
2- Lorsque nous offensons notre prochain...72

Chapitre 11 : Comment demander pardon ?..74
A- Un état d'âme...74
1- L'humilité...74
2- L'esprit pacifique...74
3- La repentance..75
4- La sincérité..75
B- Une procédure...76
C- Un moment propice...77
D- Une réparation du tort..77

Chapitre 12 : Comment pardonner ?...79
A- Le contexte des propos de Jésus...79
1- Une douleur multiforme..79
2- Un surpassement...80
B- Le pardon selon Jésus...81
1- Un pardon intégré à la vie du disciple...81

2- Un pardon par anticipation...82
3- Un pardon inconditionnel..82
a- Ne pas tenir compte de l'offenseur..82
b- Ne pas tenir compte du lieu de l'offense...83
c- Ne pas tenir compte de la fréquence de l'offense..83
d- Ne pas tenir compte du degré de l'offense..84
C- L'interpellation..84

Chapitre 13 : Le pardon et l'oubli..86
A- Approche définitionnelle..86
1- Définition du pardon :...86
2- Définition de l'oubli..86
B- Les différents types d'oubli...88
1- L'oubli maladif..88
2- L'oubli sélectif...88
3- L'oubli didactique ou pédagogique...89
C- Rapport entre le pardon et l'oubli...89
1- Rapport de séparation et de parallélisme au niveau terminologique..................89
a) Le rapport de séparation..89
b) Le rapport de parallélisme...90
2- Rapport de primauté et de suprématie du pardon sur l'oubli didactique............90
3- Rapport de complémentarité et d'interdépendance..91
a) Au niveau fonctionnel..91
b) Au niveau relationnel...91
4- Le pardon et l'oubli : facteurs régulateurs de notre vie intérieure et extérieure.....92
a) Le pardon et l'oubli à travers la repentance...92
b) Le pardon et l'oubli didactique à travers la réconciliation................................94
D- Quelle forme d'oubli s'accommode-t-elle avec le pardon qu'offre le chrétien ?....95

Conclusion..96
Bibliographie..99

Préface

Vous allez aimer ce livre, qu'il s'agisse de votre premier livre sur le pardon ou du vingtième de votre collection, parce que vous pourrez tout de suite appliquer les principes et les procédures qui transformeront très positivement votre relation avec les autres et avec Dieu.

Bien qu'écrit par un brillant enseignant de théologie, cet ouvrage est très facile à lire et d'un niveau de compréhension accessible à tous.

Combien de fois n'ai-je pas encouragé au pardon bien de personnes, mais une fois confronté moi-même à la pratique, ne me suis-je pas senti incapable de pardonner ou de demander pardon ?

Cela dit, le contenu de ce merveilleux livre a bouleversé ma perception de cette puissance libératrice qu'est le pardon et m'a donné d'être mieux équipé pour ma relation avec tous les membres de ma famille, mes collègues et tout mon entourage.

En parcourant les différents chapitres, vous allez entrer au cœur de la réalité des difficultés dans les relations humaines et vous découvrirez la profondeur des enseignements très riches et bien illustrés du Pasteur Charles Marie KONDE sur le pardon, cette arme divine efficace pour votre guérison intérieure et votre paix avec tous les hommes et avec Dieu. C'est donc de tout cœur que je vous recommande vivement « Le pardon, un trésor bafoué ».

Hervé MENAN
Professeur Agrégé de Pharmacie Directeur du Centre de Diagnostic et de recherche sur le SIDA (CEDRES)

Dédicace

Je dédie d'abord ce livre au Seigneur de gloire, source de ma force et de mon inspiration.

Cet ouvrage est ensuite dédié à mon épouse GUEBO Odjissi Esther Epse KONDE pour ses encouragements et sa tolérance pendant les longues heures de travail passées à la réalisation de ce livre.

A nos enfants Perside N. Epse Menan, Josué Joël, Jean David et Marthe Loïs, je dédie également cette œuvre pour la compréhension dont ils ont fait preuve au cours des longs moments de silence dans lesquels je me terrais pendant que j'écrivais.

Remerciements

Je remercie à travers ces lignes, tous ceux qui m'ont assisté tout au long de la rédaction de ces pages.

Mais je suis particulièrement reconnaissant aux personnes dont les noms suivent, qui à travers leurs prières, leurs conseils, leurs corrections ou leurs contributions diverses ont permis d'aboutir au présent ouvrage :

- M. AHOGNY Raphaël E.,
- M. APATA B. Thomas,
- M. ALABOU Jules,
- Professeur BAYETO V. Patrice,
- Docteur GUEBO Josué Y.,
- Pasteur IRIE BI Z. Bertin,
- M. KOUADIO Y. Emmanuel,
- Professeur MENAN E. Hervé,
- Pasteur OUATTARA Siédou,
- M. YEGBE K. Antoine.

Introduction

L'Homme est un être social. Il tient cette qualité de Dieu qui, après avoir créé Adam (l'homme), a jugé qu'il n'est pas bon que l'homme soit seul et qu'il lui ferait une aide semblable à lui (Genèse 2 : 18). Et il créa Eve (la femme) par la suite.

Par la présence d'Eve aux côtés d'Adam, l'homme ne pouvait plus vivre en solitaire. Il devait désormais tenir compte d'Eve, son prochain, dans sa vie de chaque jour. Mais l'expression de ce changement de statut social n'est pas toujours facile. En effet, force est de reconnaître que bien de heurts, de conflits, de douleurs, de trahisons, de divorces, de vives tensions dans les familles et de guerres entre les nations, meublent le vécu quotidien des êtres humains, et témoignent à n'en point douter de la gravité et de l'étendue de la dégradation des relations interhumaines à travers le monde.

Là-dessus, un éminent juriste de notre pays m'a confié que plus le temps passe, plus l'on assiste à des divorces en Côte d'Ivoire. Et la situation est d'autant plus grave que même les chrétiens sont désormais atteints par ce fléau. Or, ce n'était pas le cas il y a trente ans environ, quand encore jeunes, nous faisions l'expérience de la nouvelle naissance en acceptant Christ comme notre Seigneur et Sauveur personnel.

Fort heureusement, dans sa grâce infiniment variée et sa sagesse illimitée, Dieu a prévu un moyen sûr de restauration et de rétablissement des relations interhumaines quand celles-ci se dégradent : LE PARDON.

Bien qu'il soit le préalable à toute réconciliation durable et vraie, le fait de pardonner n'est malheureusement pas un acte automatique pour tous. Nous en voulons pour preuve le fait que comme plusieurs personnes, Elisabeth, la puissante reine d'Angleterre elle-même, confrontée à un cas de pardon, avait en son temps tenu les propos suivants : «Dieu peut vous pardonner, mais moi pas »[1]. Dès lors, il

---
[1] La Reine Elisabeth par Frank S. Mead, dans *12, 000 Religious Quotations* (Grand Rapids : Baker Book House, 2000), P. 147.

convient que nous nous penchions sur le sujet, afin d'aider un tant soit peu tous ceux qui, chrétiens ou non, éprouvent d'une manière ou d'une autre du mal à pardonner, ainsi que tous ceux qui portent en eux les stigmates des guerres ou d'autres formes de blessures. Car la bonne gestion des relations avec les autres, aide à vivre heureux, en dépit de toutes les frustrations que l'on peut éprouver face à un cas d'offense ou de situation provoquant haine, rancune, méfiance, rancœur ou ressentiment, etc.

En abordant donc le sujet du pardon, terme éminemment important et délicat, qui dans le passé, a donné du fil à retordre à plus d'une personne, qui continue d'en donner à présent et qui continuera toujours d'en donner à l'avenir, nous procèderons comme suit : d'abord nous nous pencherons sur l'approche terminologique, puis nous soulignerons quelques réactions humaines sur le pardon. Ensuite, nous traiterons du pardon dans le règlement des conflits internationaux. Après avoir vu des exemples de quelques personnages bibliques ayant fait preuve de pardon, nous relèverons les obstacles au pardon, les facilitateurs du pardon, les raisons pour lesquelles nous devons pardonner ou demander pardon, ainsi que les conséquences du manque de pardon et les avantages du pardon. Avant de conclure, nous répondrons aux questions de savoir quand demander pardon, comment demander pardon et comment pardonner, non sans analyser les liens complexes et intimes entre le pardon et l'oubli.

Chapitre 1:

Approche terminologique du pardon

A- Approche générale

Quand on parle de pardonner, il s'agit du fait de ne plus tenir rigueur à autrui (un frère, une sœur, ou quelqu'un d'autre) pour l'offense ou le mal qu'il nous a fait subir. Il peut s'agir d'une injure, d'une moquerie, d'une blessure physique, d'une blessure intérieure ...

B- Dans l'Ancien Testament

Les textes qui évoquent l'idée du pardon utilisent principalement les termes hébreux translittérés suivants :

1. « *Nasa* » qui signifie littéralement « *enlève ou ôte l'offense* ». Dans ce sens, le mot « *kipper* » qui évoque l'expiation est aussi employé (Esaïe 6 : 7 ; Lévitique 16 ; Esaïe 1 : 16-18).

2. « *Avar* » qui veut dire « passer sur la faute ». Cela signifie que l'offense n'intervient plus dans notre manière de voir l'offenseur après sa repentance (Proverbes 19 : 11). Dans ce sens, le mot « S*alah* », littéralement « *remettre une dette, une faute, effacer un contentieux* » peut être employé (1Rois 8 : 33-39 ; Esaïe 55 : 7 ; 2 Rois 24 : 4).

3. « *Kasah* » c'est-à-dire « *couvrir la faute* ». A ce niveau, l'offense est couverte et l'offensé n'en tient plus compte, et il le démontre en refusant de la rappeler (Proverbes 17 : 9).

C- Dans le Nouveau Testament

Les principaux termes grecs aussi translittérés et utilisés pour faire allusion au pardon sont :

1- « *Aphièmi* » de la racine « A*phesis* » qui signifie « *détacher, envoyer au loin, renvoyer, laisser, remettre la dette ou la faute de l'offenseur* » (Matthieu 6 : 12 ; 14/ 15 ; 9 : 2 ; 12 : 32 ; Luc 6 : 37).

2- « *Charizomai* » qui signifie «*faire grâce* ». C'est un acte de pure grâce, d'amour immérité. Le mot «*Hilaskomai* » qui signifie pardonner peut être aussi employé dans ce sens (Luc 18 : 13 ; Hébreux 8 : 12 ; 2 Corinthiens 2 : 7-10).

3- « *Apoluô* » qui veut dire « *relâcher dans le sens d'absoudre et de libérer d'une faute* » (Luc 6 : 37). Dans cette perspective, le mot « *kaluptô* » qui signifie couvrir, peut être employé (Romains 4 : 7 ; Jacques 5 : 15-20).

Remarque : toutes ces références bibliques et termes employés en rapport avec le pardon sont relatifs à l'offenseur et à sa dette. C'est-à-dire que la notion de pardon représente toujours un événement entre au moins deux personnes, et il culmine dans la demande et dans l'octroi de la rémission de la dette.

Ainsi, quand il y a une offense, il faut la gérer en posant un acte de réparation ou de libération de l'autre. Pardonner en laissant tomber, en faisant grâce, en ôtant ou en couvrant la faute, car une vie sans pardon est en notre sens, une oasis sans cours d'eau, un milieu où règne la déception, le désespoir et même la terreur.

Malheureusement, face à la nécessité de pardonner ou de demander pardon, l'ignorance des raisons qui devraient nous amener à réagir positivement nous donne d'observer plutôt d'autres réactions.

Chapitre 2:

Quelques réactions humaines face au pardon

Face au pardon, nous avons observé que les hommes, les femmes, les jeunes gens et même les enfants, dans leurs diversités, ont des réactions identiques dans l'ensemble.

A- Refuser de pardonner

Il existe une catégorie de personnes qui en tout temps, refusent de pardonner à leurs offenseurs leurs fautes. Ceux qui réagissent ainsi assimilent souvent le pardon à de la faiblesse. Mais en général on dit plutôt que le pardon est l'arme des forts.

Une fois, un homme qui ne voulait pas du tout pardonner à son offenseur lui tint ces propos : « *C'est dans la tombe que nous allons régler ça* ». Malheureusement, plusieurs chrétiens sont semblables à cet homme. Ils refusent de pardonner lorsqu'on les approche en cas de faute, et mettent ainsi à mal le corps de Christ.

Quelle est votre attitude envers ceux et celles qui vous offensent? Etes-vous différents des incroyants ou semblables à eux ?

B- Refuser de demander pardon

D'autres personnes par contre, veulent toujours qu'on leur demande pardon. Elles se croient justes et de ce fait, pensent avoir toujours raison. A cet effet, nous ne devons jamais perdre de vue une vérité très importante sur laquelle un jour, le missionnaire D.F. Arzouni[2] attirait notre attention au cours d'une séance de formation. C'est que toutes les fois où d'un doigt nous indexons autrui, il y a

---
[2] David F. Arzouni, Missionnaire Américain ayant servi en Côte d'Ivoire de 1978 à 1992.

toujours trois autres doigts pointés vers nous, pour nous signifier que nous sommes d'une manière ou d'une autre trois fois plus coupables que notre offenseur, en raison soit de notre silence, soit d'un acte posé ou omis, soit de nos pensées. Pour cette raison, nul ne doit refuser de demander pardon.

Voici à cet effet, une histoire qui illustre la nécessité de demander pardon même à l'avance.

Nous étions allés une fois dans une ancienne sous-préfecture du Togo qui s'appelle Kouvé, distante de soixante-cinq (65) kilomètres environ de Lomé la capitale, à l'occasion de la cérémonie de demande en mariage d'une jeune sœur originaire de ce pays et dont le fiancé était ivoirien.

Accueillis selon les règles de l'art de la tradition en vigueur, l'heure vint de passer aux nouvelles. C'est alors que notre porte-parole surprit tout le monde par sa façon peu orthodoxe de procéder. En effet, avant même de signifier aux membres de la famille la raison essentielle de notre présence chez eux, il s'adressa aux dignitaires de la famille en ces termes : « *Avant tout propos, permettez-moi de vous demander pardon* ».

Les tractations pour élucider l'affaire prirent un certain temps, jusqu'à ce qu'en définitive, l'un des dignitaires y mette fin en ces termes : « *Cette manière de procéder est inhabituelle. Néanmoins, laissons-le aller jusqu'au bout des nouvelles et nous verrons. Nous acceptons d'avance de lui accorder le pardon qu'il demande par anticipation* ». Alors le porte-parole reprit la parole et annonça que nous étions là dans le cadre d'une demande en mariage.

Surpris, les uns s'exclamèrent, « *Mais c'est un sujet de joie!*», les autres s'écrièrent « *C'est le bonheur qui entre chez nous, il n'y a pas de raison de demander pardon, tu ne nous offenses pas en venant chez nous pour une telle démarche!*».

Après cet intermède, conformément aux règles traditionnelles, en vigueur, l'on passa aux tractations relatives aux éléments requis pour la dot, dans le cas de figure d'un non togolais avec une togolaise.

Malheureusement, certains des éléments qui étaient attendus faisaient défaut. Ceci créa le mécontentement au sein des membres de la famille de la jeune fille. Le porte-parole reprit alors la parole et dit : « *C'est pour cela que par anticipation, je vous ai demandé pardon dès le départ* ». Tous en eurent le souffle coupé. Et ils dirent unanimement : « *Dès lors où nous avons accédé à la demande de pardon, il n'y a plus d'histoire. Nous acceptons ce qui nous a été présenté de bon cœur et le débat est clos* ».

Voici comment dans ce village, le fait d'avoir demandé pardon d'avance nous a sauvés d'une situation qui aurait été difficile à gérer.

Imaginez ce qui se serait passé sans la clairvoyance du porte-parole, dans ce village réputé pour son intransigeance face à la question de la dot. En plus, nous étions des étrangers venus de loin pour demander leur fille en mariage, comme ils nous le signifiaient par moments.

C- Pardonner selon les principes coutumiers ou traditionnels
Il arrive que plusieurs personnes acceptent de pardonner à autrui pour le tort qu'il leur a causé. Mais en retour, elles exigent de lui un moyen de réparation comme c'est le cas dans nos coutumes africaines. Dans ce cas de figure, l'on a pour boussole non pas la parole de Dieu, mais les pratiques de chez soi. C'est dans ce contexte que souvent entre l'homme et la femme au sein du couple, il arrive qu'après le règlement d'un conflit, le conjoint offensé exige de l'autre un présent en guise de réparation. Cela peut se traduire par l'achat d'un complet de pagne ou quelque chose d'autre. Face à un tel comportement, la question fondamentale qui

se pose est celle de savoir si Dieu nous a exigé quoi que ce soit quand nous lui avons demandé pardon pour la rémission de nos nombreux péchés. La réponse étant non, son exemple devrait alors nous servir de modèle et nous inspirer à faire pareillement.

D- Pardonner et revenir très souvent sur les faits

C'est le pardon au pas de marche du caméléon.

Pour ceux qui, dans notre pays, ont pris le temps d'observer ce reptile saurien dans ses déplacements, ils conviendront avec moi qu'il est fastidieux de le regarder aller d'un point à un autre. Car, lorsqu'il fait un pas en avant, tout le reste du corps lui, par des mouvements avant et arrière dont lui seul détient le secret, se laisse aller à une sorte de danse cérémonielle à la rythmique silencieuse, avant que ne suive le prochain pas.

Dans la psychologie différentielle, il apparaît que l'homme et la femme perçoivent les choses de manière différente : L'homme voit de manière globale et la femme de façon détaillée. En outre, face à un fait ou un évènement, l'homme a tendance à oublier ce qui s'est passé aussitôt après, ce qui n'est pas le cas chez la femme. Elle aime à ressasser les souvenirs. Ce genre de comportement lui est si familier qu'un auteur anonyme en a dit une fois :

« *Une femme peut consentir à pardonner et à oublier, mais elle ne pourra jamais se départir de l'habitude de revenir de temps en temps sur les faits* »[3].

L'expression de ce trait de caractère féminin n'étant guère rassurant, en général, il déplaît fort aux hommes. C'est pourquoi ils n'aiment pas que leurs épouses reviennent sur les conflits conjugaux internes, une fois que ceux-ci ont été traités et réglés.

---
[3] Frank S. Mead, d'auteur anonyme dans *12,000 Religious Quotations*, (Grand Rapids: Baker Book 2000), P.146.

Cette attitude n'est donc pas recommandable. Elle est à proscrire des relations au sein des couples et des amis.

E- Décider de faire la volonté de Dieu

Cela consiste à obéir à Dieu, c'est-à-dire faire ce qui est conforme à sa Parole et à son Esprit. Il est bon de pardonner, c'est ce que Dieu veut. C'est d'ailleurs ce que soutient Johann Kaspar Lavatar lorsqu'il écrit que : « *celui qui n'a pas pardonné à son ennemi, n'a pas encore goûté au plus grand plaisir de la vie* »[4]. Plusieurs frères et sœurs, eux, face aux offenses, choisissent de pardonner. Ce faisant, ils réjouissent le cœur du Père céleste qui veut que tous pardonnent comme lui, même face à des situations humainement impossibles. L'histoire suivante en est une illustration :

Il s'agit d'un homme et de sa femme. Ils vivaient en parfaite harmonie. Ils avaient des programmes communs de sorties et des temps de prière, ainsi qu'une bonne communion avec leurs enfants.

Au bout d'un certain temps, l'homme eut une promotion dans le cadre de son travail, et il n'avait plus de temps pour sa famille. Son épouse qui était habituée à une vie dynamique, commença à ressentir la solitude à cause de l'absence de son mari. Elle noua alors avec l'un de leurs voisins des relations amicales qui se transformèrent malheureusement en aventure amoureuse de laquelle résulta une grossesse.

La femme prit son courage à deux mains et en informa son mari qui, comme il fallait s'y attendre, entra dans une colère noire. « *Après avoir tout mis à ta disposition, tu oses me faire ça ? C'est terminé !*», conclut-il. Il appela le pasteur qui les avait mariés et s'exprima en ces termes : « *Pasteur, le jour de notre*

---

[4] Johann Kaspar Lavatar, par Frank S. Mead, dans *12,000 Religious Quotations (*Grand Rapids: Baker Book House, 2000), p. 148.

mariage, il avait bien été signifié que le lien du mariage ne pouvait être rompu que par la mort ou un cas de pratique avérée d'adultère. Nous sommes ici confrontés au deuxième cas de figure. Alors venez prononcer le divorce ».

Le pasteur se rendit sur place et constata que les bagages de l'épouse étaient déjà rassemblés au salon. Face à la lourde atmosphère qui prévalait à ces instants précis, les mots manquaient au serviteur de Dieu pour dire quoi que ce soit. Il eut recourt à Dieu et courageusement demanda simplement ce qui s'était passé.

L'homme prit alors la parole et dit sa part de vérité. La femme aussi. A la fin de leurs propos, le pasteur demanda à l'homme : « *Aimes-tu ton épouse ?* », « *Oui pasteur* » répondit-il.

A peine avait-il ajouté : « *Mais après ce qu'elle... »*, que le pasteur l'interrompit et se tourna vers l'épouse pour lui poser aussi la même question. Elle répondit : « *Oui* ». Le pasteur prit alors leurs mains et pria pour le maintien du couple. Le cœur de l'homme fut touché. Son esprit s'ouvrit. Il tomba sur ses pieds, fondit en larmes et pria le pasteur de demander pardon au Seigneur et à son épouse.

«*C'est moi le coupable*, dit-il. *En effet, j'ai habitué mon épouse à un certain train de vie dont je l'ai privée après ma promotion. Je viens de comprendre de manière très claire que c'est ce qui a causé tout ce mal. A moi la faute. Je prends donc sur moi de garder mon épouse et je prends aussi l'engagement de garder l'enfant qu'elle porte en son sein comme notre enfant légitime* ». Et c'est effectivement ce qu'il fit en toute responsabilité.

De cette histoire émouvante, il est à retenir que n'eut été l'action de l'Esprit de Dieu, la dureté de cœur aurait prévalu et le divorce aurait été prononcé. Mais grâce à l'action du Saint-Esprit et au désir de faire la volonté de Dieu dont fut animé l'époux, le pardon a été possible.

Le couple a été restauré dans son union. A Dieu seul soit la gloire, lui qui donne la force de pardonner ce qui est humainement impardonnable !

Chapitre 3:

Le pardon dans le règlement des crises internationales

Au cours de ces dernières décennies, force est de constater que le refus de demander pardon est l'une des causes majeures des évènements tristes qui assombrissent l'histoire de l'humanité.

A- Aperçu des crises

D'après les statistiques sur les guerres[5], hormis les récentes guerres de la Lybie, du Congo, du Soudan, de la Somalie, de la Côte d'Ivoire, du Mali, et de la Syrie, l'on enregistre sur le plan mondial, au moins quatre-vingt-sept guerres depuis les années quarante jusqu'en l'an deux mil. Elles se répartissent comme suit : 10 guerres au cours des années 40, 9 guerres dans les années 50, 9 guerres dans les années 60, 18 guerres dans les années 70, 10 guerres dans les années 80, 19 guerres dans les années 90 et 12 guerres dans les années 2000.

En Afrique, depuis les années 60 jusqu'à l'an 1994, l'on a totalisé un chiffre de 9 287 000 morts. Or, s'il est vrai que la disparition d'un homme est une tragédie, que dire alors de la mort de plusieurs millions, voire de milliards de personnes ?

Au cœur de ce sombre tableau synoptique exacerbé par des regains de tensions sociales et de haine à perpétuer le cycle infernal de la violence, nous pensons à notre humble avis, qu'il aurait suffi simplement que les parties belligérantes intègrent le pardon et en usent, pour que ces tragédies soient évitées.

Malheureusement il n'en a pas été ainsi. Il n'en sera peut-être jamais ainsi, aussi nous sera-t-il toujours donné d'être malgré nous, témoins de ces macabres évènements. En effet, de mémoire d'homme, dans les relations internationales, la question des conflits entre les Etats ne repose pas de prime abord sur le fait

---
[5] www.statistiques-mondiales.com/afrique_guerre.htm

d'amener les belligérants à se demander mutuellement pardon. La tendance qui est prônée jusqu'ici est celle de la négociation par des médiateurs. Or, en considérant le nombre de guerres, le nombre de victimes qui en découlent et l'expansion des guerres à travers le monde, nous pouvons dire sans risque de nous tromper que la plupart des tentatives de règlement de ces conflits n'a pas réussi. Ces tentatives ont échoué. Quelles raisons pourraient-elles justifier ces échecs ?

B- Les raisons des échecs de médiations

Plusieurs raisons expliquent cet état de fait. D'abord, il convient de souligner que dans le monde des relations internationales, on dit le droit, mais la diplomatie est prônée. Il n'y a pas une place prépondérante pour le pardon. Ensuite, il convient de souligner qu'au niveau international ce sont les intérêts des grandes puissances économiques, financières, politiques et industrielles qui font la loi. Au cours de ces dernières années, il nous a été donné de constater que la plupart des conflits qui minent le monde sont suscités pour régler essentiellement les problèmes de l'Occident. L'objectif poursuivi est soit d'écouler les stocks d'armes, soit d'évincer un leader politique gênant pour leurs intérêts, soit encore de se débarrasser du surplus de production agricole de leurs pays, en se faisant passer pour des bienfaiteurs, des altruistes aux yeux du monde. Pour ces grandes puissances, tant que leurs intérêts sont en jeu, aucune vie humaine n'a d'importance à l'exception de celle de leurs propres concitoyens. C'est pourquoi de manière stratégique, l'on ne demande pardon que bien plus tard, après que le mal ait été commis.

D'autre part, il ne faudrait pas oublier que l'Europe est un vieux continent qui manque cruellement de matières premières que l'on trouve fort heureusement et bien malheureusement, en général en Afrique. C'est le cas du pétrole, de l'uranium, du manganèse, de l'or, du cacao pour ne citer que celles-là.

C'est la raison pour laquelle de nos jours, après la deuxième guerre mondiale et la guerre froide entre les Etats-Unis d'Amérique (USA) et l'ex-Union des

Républiques Socialistes Soviétiques (URSS), les foyers de guerres se sont déplacés pour s'établir principalement en Afrique et dans d'autres pays du tiers-monde.

En outre, il convient de souligner que les mentalités ont beaucoup changé de nos jours par rapport au pardon. Jacques Buchhold le confirme dans son livre intitulé *le Pardon et l'Oubli*, lorsqu'il y rapporte la réaction surprenante d'un homme à qui une femme demandait pardon, et qui a répondu en ces termes : « *Aujourd'hui on ne pardonne plus, on tue* »[6].

Malheureusement, c'est cet état d'esprit qui prévaut dans les milieux internationaux, où Dieu semble perçu comme persona non grata. La preuve c'est que jamais à une rencontre de haut niveau, le Seigneur n'a été invité aux assises soit par la prière, soit par un hymne de louange en son honneur. D'où la question de savoir qui sont les animateurs du cercle des relations internationales.

Un quotidien ivoirien révélait à cet effet que l'Organisation des Nations Unies(ONU) est « *l'arme diplomatique des illuminatis* »[7]. Les illuminatis selon cette même source, regroupent en leur sein « *le mouvement Skull & Bones, les francs-maçons, la rose croix etc..* ». Or ces groupes qui regorgent la plupart des décideurs de ce monde sont tous des ordres mystiques qui renient fondamentalement la seigneurie et l'œuvre de Jésus-Christ de Nazareth.

Nous avons donc essentiellement affaire à des agents anti-Dieu, des personnes qui par conséquent, sont sans compassion et chez lesquelles la notion du pardon n'est pas prioritaire.

Là-dessus, l'un de mes oncles, un homme versé dans l'occultisme, m'avait confié que dans leur milieu, au cours de leur progression, quand un obstacle se dresse sur leur chemin, ils l'éliminent purement et simplement et ils continuent leur route sans état d'âme.

---

[6] Jacques Buchhold, *le Pardon et l'Oubli* (France : Excelsis, 1997), P. 5.
[7] LG infos du mardi 11 décembre 2012, p. 7.

Par ailleurs, au cours d'une émission radiophonique[8] portant sur le pardon dans les conflits internationaux, en abordant la question de la philosophie du pardon, l'animatrice déclarait que le pardon a longtemps été une référence religieuse.

Autrement dit, pour elle, le pardon est assimilé à un acte qui sied au langage des milieux chrétiens, musulmans, bouddhistes etc.

Ainsi perçu, cela revient à dire que pour certaines personnes, le pardon a été évincé du standard de vie de nos sociétés. Dans ces conditions, il est alors à redouter, si ce n'est déjà le cas, que notre monde sombre dans une profonde anarchie et que la terre devienne une jungle au sein de laquelle les générations futures souffriront énormément.

C- *Suggestion*

Le rôle extrêmement important que jouent les institutions internationales dans le monde, exige d'elles un standard éthique de très haut niveau autant dans leur forme que dans leur fond.

Perçues comme les vitrines du monde, ces institutions font office de référence à travers les actes qu'elles posent. Cependant, lorsque le pardon, pourtant si important dans le règlement des conflits et les réconciliations, y est foulé aux pieds, les « autres », comment réagiront-ils ? Le pardon risque à la longue de disparaître de la vie de plusieurs personnes si nous n'y prenons garde.

Dorénavant, dans le système de règlement des conflits, il serait souhaitable que les organisations internationales privilégient aussi le pardon entre les belligérants. Ceci aura l'avantage non seulement de moraliser un peu plus nos sociétés et nos leaders, mais encore, de contribuer à un règlement plus fiable et plus durable qui débouchera inéluctablement sur la paix.

---

[8] www.rfi.fr/emission/ 2012 1202-1- pardon-dans-relations-internationales.

Les exemples du Rwanda, du Sri Lanka et de l'Algérie nous confortent dans cette suggestion. En effet, c'est bien plus tard après que les massacres ou injustices aient été commis et que la plupart des victimes aient disparu que des initiatives ont été prises. Pour le cas du génocide au Rwanda M. KOFFI Annan s'est exprimé dans la perspective du mea-culpa de l'ONU. M. Ban Ki Moon en a fait de même pour le cas de la crise au Sri Lanka et M. François Hollande également pour le cas du conflit post colonial entre la France, son pays, et l'Algérie. Le point commun de leurs interventions réside dans le fait que chacune de ces personnalités a parlé des faits, reconnu la part de responsabilité de l'institution qu'elles incarnent, sans pour autant parvenir au stade du pardon.

Face à ce triste constat, l'on ne peut que crier : « *Médecins après la mort !* ». Mais dans un contexte mondial où la justice devient automatiquement injuste, bancale et inique face à l'argent et à l'intérêt des grands, qui pourrait entendre le cri de détresse des opprimés et plaider leur cause?

Cette forme de « pardon » évoquée plus haut s'inscrit en vérité dans une logique institutionnelle. C'est un « pardon » vidé de toute sa substance éthique qui, en réalité, ennoblit sa raison d'être et confère à ce ciment de cohésion sociale sa beauté et sa pureté originelles.

Chapitre 4:

Le pardon dans la vie de quelques personnages bibliques

Lorsque nous lisons les Saintes Ecritures nous y découvrons plusieurs personnages qui ont pardonné à leurs semblables les offenses que ceux-ci leur ont fait subir.

A- *Joseph*

L'histoire de la vie de cet homme rime avec le pardon. Des textes bibliques qui relatent son parcours, il ressort que Joseph a été confronté à des groupes de personnes et d'individus qui lui ont causé des torts aux énormes conséquences. Parmi eux, figurent ses propres frères de sang (Genèse 37 : 1-36), madame Potiphar sa patronne (Genèse 39 : 7-20) et l'échanson du roi (Genèse 40 : 5-23).

A présent, voyons de près comment ces différentes personnes ont agi à l'égard de Joseph.

De la part de ses frères, le jeune homme qu'il était alors a été victime de jalousie, de tentative d'assassinat et de méchanceté. En effet, Joseph qui jouissait de l'estime de son père, de sa mère et de Ruben son frère, s'est vu coupé de toute relation familiale et mis au rang d'un vil produit commercial dont la valeur fut d'ailleurs marchandée. Quelle humiliation, quel déshonneur, quelle indignation pour ce jeune homme dont le « péché » avait été de recevoir de l'Eternel un songe qui présageait sa future élévation sociale !

De la part de l'épouse de Potiphar son patron, il a souffert le dénigrement et la méchanceté, car, non satisfaite du bon service que lui assurait ce jeune homme, madame Potiphar tombe amoureuse de lui. Pire, elle veut absolument coucher avec lui. Mais à cause de la crainte qu'il a de Dieu et de son patron, Joseph refuse ses avances malgré son insistance. Face à son échec, madame Potiphar comprend bien vite le danger du déshonneur qui la guette. Alors, comme cela se voit de nos jours dans les hautes sphères politiques et diplomatiques, tant à l'échelle nationale qu'internationale, par un mensonge savamment orchestré, elle a une réaction proactive d'inspiration diabolique. Elle anticipe en créant un scandale par lequel elle calomnie Joseph, l'accusant d'avoir tenté de la violer ; son mari le fait alors injustement emprisonner. Quelle frustration !

Quant à l'échanson du roi, il s'illustre négativement en faisant preuve d'ingratitude à l'égard de Joseph son bienfaiteur. En effet, le texte relate que cet homme de haut rang politique a oublié Joseph. Nous ignorons si cet oubli a été volontaire ou pas, mais dans tous les cas, il ne fit aucun cas de Joseph jusqu'à ce que Dieu lui-même décide de changer le cours de la vie du fils bien-aimé de Jacob.

En dépit de toutes ces offenses et frustrations qu'il a connues, la réaction de Joseph est des plus remarquables. Il pardonne à ses frères de façon anticipée, de sorte qu'au moment où il se retrouve en face d'eux, il n'éprouve ni haine, ni désir de vengeance. Bien au contraire, ému de compassion, il les exhorte à ne pas s'en faire. Bien plus, il leur fait comprendre plutôt que c'est Dieu qui l'a fait venir dans ce lieu pour les préserver du risque de mourir de la famine qui battait son plein dans toute l'Egypte et les contrées environnantes. Cette leçon de maturité spirituelle et de manifestation de beauté intérieure pour quelqu'un de son temps, pour le moins qu'on puisse dire, fait simplement de Joseph une figure emblématique des croyants épris de pardon.

En outre, il convient de souligner que l'on n'a jamais enregistré de sa part une plainte ou un quelconque murmure envers ses autres offenseurs que furent madame Potiphar, l'échanson du roi et Potiphar lui-même. Sacré Joseph! Epatant, louable et exemplaire, que dire de plus de lui, sinon qu'il fut un homme de pardon et d'oubli.

B- Job

Job est un homme que Dieu lui-même a qualifié d'intègre. Son intégrité est relatée dans tout le chapitre 31 du livre qui porte son nom. Elle est pluri- dimensionnelle, car cet homme a été irréprochable à différents niveaux.

1- Dans la vie conjugale (v1 ; v9-12)

Il clame haut et fort son innocence devant Dieu et devant ses amis qui étaient venus l'accabler d'être en secret coupable de péché. Il relève qu'il ne s'est pas laissé « *séduire* » par une femme et qu'il n'a pas fait « *le guet à la porte de son prochain* ». Elihu son ami qui a bien décrypté la quintessence de son discours, s'adresse à lui en ces termes : « *J'ai entendu le son de tes paroles : je suis pur, je suis sans péché, je suis net, il n'y a point en moi d'iniquité* », (Job 33 : 9). Face aux accusations de ses amis, il est resté imperturbable, car il savait comment il avait mené sa vie conjugale ; Elle avait été irréprochable, donc exemplaire.

2- Dans la vie spirituelle (v33)

Job souligne également que contrairement aux autres, il n'a pas caché ses transgressions et n'a pas renfermé ses iniquités dans son sein, signe de transparence, de vérité et de sincérité. Quel personnage remarquable!

3- Dans la vie morale (v5)

A ce niveau, Job s'est aussi bien illustré. En effet, il était ennemi du mensonge, de la fraude et de l'injustice. Il avait fait un pacte avec ses yeux de sorte qu'il ne convoitait pas le bien d'autrui.

4- Face aux biens matériels et financiers (v24-25)

Job était immensément riche, à en croire le grand nombre de serviteurs dont il disposait, ainsi que son cheptel composé de sept mille brebis, trois mille chameaux, cinq cents paires de bœufs et cinq cents ânesses. Malgré cela, il souligne qu'il ne s'est pas réjoui de la grandeur de ses biens et de la quantité des richesses qu'il avait acquises. En outre, il n'a même pas mis sa confiance dans l'or.

5- Dans les relations interhumaines (29-32)

Avec l'orphelin (v17), les pauvres (v16), le malheureux (v19), l'étranger (v32), ses ennemis (v29), ses serviteurs (v13) Job n'avait pas de problèmes. Bien au contraire, il les ménageait au point où son entourage rendait de lui un bon témoignage.

Dans cette perspective, il convient de souligner que, dès le chapitre 1, il est présenté comme un homme prévenant :

« *Ses fils allaient les uns chez les autres et donnaient tour à tour un festin, et ils invitaient leurs trois sœurs à manger et à boire avec eux. Et quand les jours de festin étaient passés, Job appelait et sanctifiait ses fils, puis il se levait de bon matin et offrait pour chacun d'eux un holocauste ; car Job disait: Peut-être mes fils ont-ils péché et ont-ils offensé Dieu dans leur cœur. C'est ainsi que Job avait coutume d'agir»,* (Job1 :4-5).

Comme on le voit, Job n'attendait pas que ses fils aient péché avant d'offrir un sacrifice à Dieu, il anticipait.

Dans la même veine, nous pouvons croire que ce principe de prévenance guidait Job dans ses relations avec ses employés et son entourage.

En outre, quand Job avait parfois des contestations avec ses serviteurs ou ses servantes comme le signifie le verset 13, il restait aussi irréprochable. Cela sous-entend qu'au cas où il avait tort, il demandait pardon et réparait la faute commise par principe de justice. Cela suppose également qu'au cas où un serviteur lui causait aussi du tort et que celui-ci venait à lui, pour demander pardon, il pardonnait, quoique le texte biblique ne le signifie pas explicitement. S'il en avait été autrement, alors son intégrité ne tiendrait ni devant les hommes ni devant Dieu, il en aurait été disqualifié.

Ainsi, nous pouvons dire que l'intégrité de Job l'a conduit dans ses relations avec les autres, à être aussi un homme qui pratique le pardon.

C- David

David a aussi eu son lot de relations tumultueuses avec plusieurs personnes. Saül le monarque jaloux a tenté à plusieurs reprises d'assassiner David : « *Saül parla à Jonathan, son fils, et à tous ses serviteurs, de faire mourir David* », (1Samuel 19 : 1). Fort heureusement, il eut la vie sauve grâce à l'assistance de personnes telles que Jonathan son ami, fils de Saül : « *Mais Jonathan, fils de Saül, qui avait une grande affection pour David, l'en informa et lui dit: Saül, mon père, cherche à te faire mourir. Sois donc sur tes gardes demain matin, reste dans un lieu retiré, et cache-toi* », (1 Samuel 19 : 2), et Mikal sa femme, fille de Saül : « *Saül envoya des gens vers la maison de David, pour le garder et le faire mourir au matin. Mais Mikal, femme de David, l'en informa et lui dit : Si tu ne te sauves pas cette nuit, demain tu es mort.*

Elle le fit descendre par la fenêtre, et David s'en alla et s'enfuit. C'est ainsi qu'il échappa », (1 Samuel 19 : 11-12), qui lui étaient favorables.

Mais contre toute attente, le jour de la mort de celui qu'il était en droit de considérer comme son ennemi juré, David est si touché qu'il écrit une complainte (2 Samuel 1 : 19-25), prouvant que malgré la rage meurtrière de Saül envers lui, il l'aimait et ne lui en voulait pas, car il lui avait pardonné.

A l'égard de Schimeï, un homme de la famille de Saül, qui le couvrait de malédictions et de jets de pierres : « *David était arrivé jusqu'à Bachurim. Et voici, il sortit de là un homme de la famille et de la maison de Saül, nommé Schimeï, fils de Guéra. Il s'avança en prononçant des malédictions, et il jeta des pierres à David et à tous les serviteurs du roi David, tandis que tout le peuple et tous les hommes vaillants étaient à la droite et à la gauche du roi* » (2 Samuel 16 : 5), David, le second roi d'Israël lui avait aussi pardonné. La preuve, c'est que David dit à Abichaï et à tous ses serviteurs : « *Voici que mon fils, qui est sorti de mes entrailles, en veut à ma vie ; à plus forte raison ce Benjamite ! Laissez-le et qu'il maudisse, car l'Eternel le lui a dit* ». David ne lui fit aucun mal parce qu'il avait fait le serment de ne pas le faire mourir par l'épée (1Rois 2 :8). Seulement au terme de son règne, le roi David, avec beaucoup d'émotion, a demandé à Salomon son successeur de s'en souvenir. Une attitude semblable de la part de ce monarque au temps de la loi, est remarquable. Il n'est donc pas surprenant que le Seigneur se réfère à lui comme étant l'homme selon son cœur (Actes 13: 22).

On pourrait donc affirmer sans ambages que David a été en phase avec la recommandation du Seigneur qui nous demande d'aimer nos ennemis : « *Mais moi, je vous dis : Aimez vos ennemis, bénissez ceux qui vous maudissent, faites du bien à ceux qui vous haïssent, et priez pour ceux qui vous maltraitent et qui vous persécutent* », (Matthieu 5 : 44).

En dehors de cette forme de pardon qui est mise en exergue dans l'histoire de sa vie, David a également pardonné quand Abigail, femme de Nabal le méchant, l'a approché pour implorer sa clémence alors qu'il avait résolu dans son cœur de détruire Nabal et tout ce qui lui appartenait : « *Que Dieu traite son serviteur David dans toute sa rigueur, si je laisse subsister jusqu'à la lumière du matin qui que ce soit de tout ce qui appartient à Nabal ! » ; « David dit à Abigaïl : Béni soit l'Eternel, le Dieu d'Israël, qui t'a envoyée aujourd'hui à ma rencontre !*

Béni soit ton bon sens, et bénie sois-tu, toi qui m'as empêché en ce jour de répandre le sang, et qui as retenu ma main !

Mais l'Eternel, le Dieu d'Israël, qui m'a empêché de te faire du mal, est vivant ! Si tu ne t'étais hâtée de venir au-devant de moi, il ne serait resté qui que ce soit à Nabal, d'ici à la lumière du matin.

Et David prit de la main d'Abigaïl ce qu'elle lui avait apporté, et lui dit : Monte en paix dans ta maison ; vois, j'ai écouté ta voix, et je t'ai favorablement accueillie », (1 Samuel 25 : 22 ; 32-35).

D- Jésus

Le Seigneur Jésus demeure en matière de pardon le modèle parfait, c'est le summum. En effet, après les enseignements généraux qu'il a dispensés à ses disciples sur le pardon à maintes reprises et à différents endroits, à la croix, il est passé à la dimension pratique de ses cours. Il y a démontré à la face du monde, sa perception de la notion du pardon. Jésus dit : « *Père, pardonne-leur, car ils ne savent ce qu'ils font. Ils se partagèrent ses vêtements, en tirant au sort* », (Luc 23 : 34). Nous y reviendrons plus loin, lorsque nous aborderons la question du pardon selon Jésus.

Chapitre 5:

Les obstacles au pardon

Plusieurs éléments empêchent souvent les hommes (les incroyants et les chrétiens) de demander pardon aux offensés ou de pardonner quand surviennent les conflits. A ce stade, nous pouvons citer, entre autres, les obstacles suivants :

A- la honte

La honte est un sentiment de gêne que l'on éprouve vis-à-vis de quelqu'un que l'on honore, que l'on considère ou que l'on estime. Elle est provoquée par une faute commise, par une humiliation ou par la crainte du déshonneur. Elle empêche souvent d'affronter la personne ou le groupe de personnes en question ; et tant qu'elle demeure et qu'on ne la brave pas, il sera impossible de demander pardon.

Le chrétien devrait pouvoir s'élever au-dessus de la honte, car Dieu a mis en lui, non un esprit de timidité, mais plutôt un esprit de force, comme le mentionnent les Ecritures dans (2 Timothée 1 : 7).

B- L'orgueil

C'est aussi un sentiment, mais c'est un sentiment exagéré de sa propre valeur. Cela signifie qu'on se croit si important que demander pardon ne nous sied pas ou ne nous convient pas. C'est la caractéristique essentielle du diable. En effet, depuis sa chute telle que décrite dans Ezéchiel 28 : 11-19, il n'a jamais demandé pardon à Dieu.

Quiconque s'engage dans la voix de l'orgueil court donc à sa perte d'après Jacques 4 : 6 et se condamne à ne jamais demander pardon, ce que Dieu désapprouve.

C- Les mauvaises compagnies

Il s'agit ici des mauvais conseillers vers lesquels l'on se tourne en cas de conflits pour demander un avis. Lorsque ceux-ci ne sont pas chrétiens, ils sont pour la plupart jaloux de vous. Ils sont orgueilleux et par conséquent, sauf exception, ils vous donneront des conseils dont la finalité vous mènera à la ruine. En d'autres termes, ils vous induiront en erreur.

La parole de Dieu prévient dans 1 Corinthiens 15 : 33 que les mauvaises compagnies corrompent les bonnes mœurs. Un dicton populaire dit aussi : « *Dis-moi qui tu fréquentes et je te dirai qui tu es* ».

Pour toutes ces raisons, le chrétien devrait bien choisir ses amis ou ses fréquentations et en cas de conflits, se laisser guider par la sagesse qui veut que l'on se tourne vers de bons conseillers, plutôt que d'aller vers ceux qui sont susceptibles de provoquer une destruction des bonnes relations que l'on entretient avec les autres.

D- La dureté du cœur

Dans Matthieu 19 : 1-10, des pharisiens ont approché Jésus pour l'entendre sur la question du divorce. Ces hommes étaient des religieux qui faisaient partie du leadership. Pourtant Jésus leur parle de la dureté de leur cœur. Le Saint-Esprit n'était pas en eux et n'agissait pas en eux. La dureté de cœur rime avec la méchanceté, l'insensibilité, l'indifférence face aux problèmes des autres et elle est un ennemi du pardon.

E- La régression spirituelle

On parle de régression spirituelle quand la communion avec Dieu n'est plus au beau fixe. C'est un état qui se caractérise par le fait de ne plus prier fréquemment, de ne plus méditer souvent et de ne plus fréquenter régulièrement les frères et sœurs dans le Seigneur. Le vieil homme refait surface et les relations avec les autres en sont perturbées. Et quand vient l'heure de demander pardon, l'on ne se sent plus trop concerné, car dans cet état-là, le fait de demander pardon devient un fardeau. Quelqu'un nous disait qu'il avait observé dans sa propre vie que c'est au moment où sa communion avec le Seigneur ne va pas bien, qu'il a le plus de problème avec son entourage.

F- *La culture*

Certaines considérations culturelles rendent difficile, voire impossible, le fait de pardonner.

C'est le cas chez les peuples qui, par exemple, enseignent que la mère est une figure quelque peu sacrée et qu'elle doit être absolument protégée contre toute agression extérieure (physique ou morale), au risque de voir toute la famille déshonorée. Il en est de même pour la famille et l'intimité.

Pour cette raison, selon eux, il est impensable de ne point relever l'affront que représente l'injure ou l'offense faite à sa mère par une tierce personne, ou l'agression qu'autrui fait subir à un membre de sa famille.

Dans ce contexte culturel, la réaction que l'on considère comme normale, digne et salutaire est celle qui, conformément à la culture, est attendue de tous, force le respect et fait sortir la victime grandie de son humiliation.

Quiconque a été élevé dans un tel cadre, aura du mal à pardonner une offense de telle portée ; son arrière-plan culturel y fera obstacle, à moins que pour ce qui concerne le chrétien, il ne soit véritablement mort en lui-même.

Chapitre 6:

Les facilitateurs du pardon

A- *La beauté intérieure*

Le physique, le visible, le concret, voilà ce à quoi l'homme accorde beaucoup d'importance dans sa vie.

Mais quand on sait que les éléments invisibles tels que les microbes, les mauvaises dispositions de cœur et autres font aussi beaucoup de victimes parmi les êtres humains, ne serait-il pas opportun de nous pencher sur la dimension intérieure de l'homme ?

Nous pensons qu'il est nécessaire de le faire pour deux raisons essentielles. D'abord parce que Dieu lui-même s'y intéresse, d'autant plus que les Écritures déclarent : « *L'homme regarde à ce qui frappe les yeux, mais l'Eternel regarde au cœur* » (1 Samuel 16 : 7).

Dans le passage biblique susmentionné, il n'est pas question d'une invitation à une quelconque forme d'ascétisme. Il s'agit plutôt d'une interpellation à veiller sur la dimension cachée de notre être, d'en prendre soin, afin de plaire davantage à Dieu. Car le cœur, au-delà du sens physique qu'il a en général, fait ici allusion de façon spécifique, à l'être intérieur de chacun d'entre nous.

Ensuite, il est nécessaire que nous nous y penchions, parce qu'une telle activité contribuera à mettre en évidence dans quel état nous devons maintenir notre être intérieur, afin que nous ayons la facilité de pardonner.

1- Les éléments qui composent l'être intérieur

a- Les différentes positions sur la question

D'après Wayne Grudem[9], l'auteur de la *Théologie Systématique*, la question relative aux différents constituants dont se compose l'homme divise les érudits. En effet, bien qu'ils soutiennent unanimement que l'homme a un corps et aussi une partie immatérielle, il existe parmi eux trois tendances sur la question.

-Le monisme

Les partisans du monisme soutiennent que l'homme est fait d'une seule entité, le corps. Pour eux, il équivaut à sa personnalité, car d'après eux, les termes âme et esprit sont d'autres expressions pour parler de la personne elle-même ou de la vie de la personne ;

-Le dichotomisme

Pour les défenseurs de ce courant de pensée, l'homme est fait de corps et d'une dimension immatérielle composée de l'âme et de l'esprit qui sont des termes interchangeables dans l'Ecriture. Selon les dichotomistes, c'est cette dimension immatérielle qui continue de vivre après la mort du corps ;

-Le trichotomisme

Les trichotomistes quant à eux, prônent que l'homme est fait du corps, de l'âme, siège de l'intellect, des émotions et de la volonté, ainsi que de l'esprit, moyen par lequel nous communions avec Dieu selon Jean 4 : 24 « *car Dieu est Esprit, et il faut que ceux qui l'adorent, l'adorent en esprit et en vérité* » et Philippiens 3 : 3 « *car les vrais circoncis, c'est nous, qui rendons à Dieu notre culte par l'Esprit de*

---

[9] Wayne Grudem, *Théologie systématique*. Traduit de l'anglais par Jean-Philippe Bru, Anne-Christine Fourier et Michèle Schneider (France : Excelsis, 2010), P. 516.

Dieu ». Cette approche est celle que soutiennent la plupart des évangéliques à travers le monde.

b- Les différents éléments de l'être intérieur

-Les sentiments

Ce sont les impressions d'amour, de haine, de jalousie, de colère, de honte, de rancœur, de joie, d'angoisse et autres que nous ressentons face à une situation, quelqu'un ou quelque chose.

C'est pourquoi dans Romains 15:5, il nous est dit : « *Que le Dieu de la persévérance et de la consolation vous donne d'avoir les mêmes sentiments les uns envers les autres selon Jésus-Christ* ».

-Les pensées

C'est d'elles que viennent les idées qui nous assaillent, car l'homme est un être pensant. Pour le signifier, René Descartes, un célèbre philosophe, scientifique et mathématicien français a dit : *"cogito ergo sum"*, en d'autres termes, « Je pense donc je suis »[10], une célèbre maxime qui, à travers le temps, continue de faire école.

A ce sujet, l'apôtre Paul nous interpelle en ces termes : « *Au reste, frères, que tout ce qui est vrai, tout ce qui est honorable, tout ce qui est juste, tout ce qui est pur, tout ce qui est aimable, tout ce qui mérite l'approbation, ce qui est vertueux et digne de louange, soit l'objet de vos pensées* », (Philippiens 4:8).

---

[10] René DESCARTES, *Discours de la méthode*, (Paris : Livre de poche 1997), P. 128.

-La volonté ou le libre arbitre

C'est par elle que nous prenons des décisions. Aussi est-il écrit dans Job 23:12 : « *Je n'ai pas abandonné les commandements de ses lèvres ; J'ai fait plier ma volonté aux paroles de sa bouche* ».

-La conscience

C'est le juge intérieur qui nous permet de savoir si ce que nous faisons est bon ou mauvais.

Dans l'Evangile selon Jean, nous trouvons l'histoire d'un groupe de personnes qui, face à Jésus, fut accusé dans sa conscience. Le texte dit :

« *Quand ils entendirent cela, accusés par leur conscience, ils se retirèrent un à un, depuis les plus âgés jusqu'aux derniers ; et Jésus resta seul avec la femme qui était là au milieu* », (Jean 8 : 9).

-L'esprit

C'est le moyen par lequel nous entrons en communion avec Dieu. La Bible en parle en disant : « *Que le Dieu de paix vous sanctifie lui-même tout entiers, et que tout votre être, l'esprit, l'âme et le corps, soit conservé irrépréhensible, lors de l'avènement de notre Seigneur Jésus-Christ!* », (1 Thessaloniciens 5:23).

2- Les deux états de l'être intérieur

a- Il peut être mauvais

Dans ce cas, on y trouvera des sentiments tels que ceux qui sont évoqués ci-dessous.

-La cupidité et la malice

Ce fut le cas de Judas. Même face à celui qui savait tout de lui, il n'a pas changé. Il est demeuré dans sa malice. La Bible le signifie lorsqu'elle dit : « *Judas, qui le livrait, prit la parole et dit : Est-ce moi, Rabbi ? Jésus lui répondit : Tu l'as dit»*, (Matthieu 26:25).

Ananias et Saphira son épouse se sont illustrés négativement à ce niveau. C'est pourquoi, s'adressant à l'époux, Pierre lui dit : « *Ananias, pourquoi Satan a-t-il rempli ton cœur, au point que tu mentes au Saint-Esprit, et que tu aies retenu une partie du prix du champ ? S'il n'eût pas été vendu, ne te restait-il pas ? Et, après qu'il a été vendu, le prix n'était-il pas à ta disposition ? Comment as-tu pu mettre en ton cœur un pareil dessein ? Ce n'est pas à des hommes que tu as menti, mais à Dieu »*, (Actes 5 : 4-5).

-La jalousie

C'est elle qui a caractérisé l'attitude de Caïn vis-à-vis d'Abel son propre frère dans Genèse 4 : 1-7.

-La vengeance

Elle est manifeste chez les soldats de David dans 1Samuel 24 : 5 et chez Esaü le frère de Jacob dans Genèse 27 : 41-42 et 32 : 11.

- **L'égoïsme**

L'homme est égoïste, méchant. Il ne pense qu'à lui seul. On raconte à ce sujet qu'une fois un homme reçut la visite d'un ange qui promit de le bénir à condition qu'il accepte que son voisin soit béni deux fois plus que lui. En d'autres termes, s'il recevait comme bénédiction une somme de cent mille francs, son voisin recevrait deux cent mille francs. Pour cinq millions, l'autre recevrait dix millions de francs. Ayant bien compris l'incidence de son choix sur son voisin, lorsque l'ange revint vers lui pour s'enquérir de la suite de son offre, il lui dit : *«J'ai bien réfléchi et j'ai pris ma décision. Je choisis que tu me crèves un œil, ainsi, lui en perdra deux»*. Dès lors où l'homme animal et irrégénéré est caractérisé par la méchanceté et l'égoïsme, un tel comportement n'est guère surprenant de la part de cet homme.

b- *Il peut être bon*

Quand c'est le cas, on y trouve plutôt les dispositions suivantes :

- **Le fait de pardonner**

Ce fut le cas de Joseph vis-à-vis de ses frères. En effet, après toute la misère que ceux-ci lui ont fait vivre selon Genèse 45 : 4-5, il leur a pardonné.

- **Le fait de demander pardon**

Abigail femme de Nabal, face à la colère de David envers son mari dans 1Samuel 25 : 23-28, elle, a demandé pardon à David pour l'ingratitude de son mari.

Le Seigneur Jésus lui, à la croix dans Luc 23 : 34, a non seulement pardonné à ses offenseurs, mais en plus, il a demandé pardon à son Père céleste pour leurs péchés.

-La conscience pure et sensible

Après avoir coupé le pan du vêtement de Saül, David eut une réaction surprenante que nous rapporte 1 Samuel 24 : 5-6 en ces termes : « *Les gens de David lui dirent : «Voici le jour où l'Eternel te dit : voici je livre ton ennemi entre tes mains ; traite-le comme il te semblera. David se leva, et coupa doucement le pan du manteau de Saül.*

Après cela le cœur lui battit, parce qu'il avait coupé le pan du manteau de Saül ».

Et il dit à ses gens : « *Que l'Eternel me garde de commettre contre mon Seigneur, l'oint de l'Eternel une action telle que de porter ma main sur lui ! Car il est l'oint de l'Eternel* ».

Le fait de couper le pan du vêtement de Saül est apparemment un acte anodin pourrait-on dire. Mais David ne le perçoit pas ainsi après l'avoir accompli. En effet, contrairement à ses soldats qui eux, en demandaient bien plus, il se sent coupable d'avoir agi ainsi. La seule explication que l'on puisse donner face à une telle attitude, c'est que David avait une conscience si sensible qu'au moment où Dieu l'a interpelé, il en a été touché.

Malheureusement aujourd'hui, plusieurs personnes vivent avec une conscience morte. Elles sont indifférentes à tout ce qui a trait au mal. C'est pourquoi l'on tente d'enrailler la corruption et d'autres maux en Afrique et sur bien d'autres continents, mais en vain.

Comme David, il importe que chacun de nous ait une conscience sensible au mal, et qu'en plus, nous comptions sur Dieu. C'est à ce prix qu'ensemble nous pourrons relever le défi de porter très haut le standard éthique de nos sociétés et que par ricochet, la vie sera bien meilleure.

Nous pensons que cela n'est pas une utopie dans la mesure où le roi David déclare dans les psaumes 60 et 108, aux versets 14, qu' « *avec Dieu, nous ferons des exploits* ».

- **La franchise**

Vis-à-vis des pharisiens hypocrites, Jésus a fait preuve d'une remarquable franchise dans la manière dont Il leur a parlé. Le récit de Matthieu 23 :13-36 nous en donne les preuves :

«Malheur à vous, scribes et pharisiens hypocrites ! Parce que vous fermez aux hommes le royaume des cieux ; vous n'y entrez pas vous-mêmes et ne laissez pas entrer ceux qui veulent entrer.

Malheur à vous, scribes et pharisiens hypocrites ! Parce que vous dévorez les maisons des veuves, et que vous faites pour l'apparence de longues prières ; à cause de cela vous serez jugés plus sévèrement.

Malheur à vous, scribes et pharisiens hypocrites ! Parce que vous courez la mer et terre pour faire un prosélyte ; et quand il l'est devenu, vous en faites un fils de la géhenne deux fois plus que vous...

Malheur à vous, scribes et pharisiens hypocrites! Parce que vous ressemblez à des sépulcres blanchis, qui paraissent beaux au dehors et qui, au-dedans, sont pleins d'ossements de morts et de toute espèce d'impuretés...

Serpents, race de vipères ! Comment échapperez-vous au châtiment de la géhenne ?

C'est pourquoi, voici, je vous envoie des prophètes, des sages et des scribes. Vous tuerez et crucifierez les uns, vous battrez de verges les autres dans vos synagogues, et vous les persécuterez de ville en ville, afin que retombe sur vous tout le sang innocent répandu sur la terre, depuis le sang d'Abel le juste jusqu'au sang de Zacharie, fils de Barachie, que vous avez tué entre le temple et l'autel. Je vous le dis en vérité, tout cela retombera sur cette génération».

Nous avons affaire ici à un discours sans faux-fuyant. Le Seigneur le tient à l'endroit des leaders religieux. Il est franc à leur égard, car il les décrit en réalité tels qu'ils sont. Ailleurs, notamment dans Marc 12 : 38-40, ses propos nous sont relatés comme suit :

« *Il leur disait dans son enseignement : gardez-vous des scribes, qui aiment à se promener en robes longues, et à être salués dans les places publiques ; qui recherchent les premiers sièges dans les synagogues, et les premières places dans les festins ; qui dévorent les maisons des veuves, et font pour l'apparence de longues prières. Ils seront jugés plus sévèrement* ».

La franchise langagière dont le Seigneur fait montre dans ces lignes est fort instructive. En effet, ce n'est guère sur un fond de haine qu'il leur parle. Autrement, cela aurait été en contradiction notoire avec sa nature immaculée (Hébreux 4 : 15 ; 1 Pierre 2 : 22 ; 1 Jean 3 : 5).

« *Celui qui n'a point connu le péché, il l'a fait devenir péché pour nous, afin que nous devenions en lui justice de Dieu* », (2 Corinthiens 5:21).

C'est donc avec beaucoup d'amour qu'il s'adresse à eux, bien que cela ne soit pas explicitement signifié dans le texte. Par ailleurs, il parle en présence des scribes et des pharisiens eux-mêmes, sans démagogie car il n'a nullement l'intention d'amadouer ou de flatter qui que ce soit parmi eux en vue de gagner en popularité.

3- *Dieu et notre être intérieur*

Ici, nous voulons mettre en relief l'état dans lequel Dieu voudrait voir l'être intérieur de chacun des croyants.

a- Avoir de bonnes dispositions de cœur

En matière d'exemplarité de vie, Christ demeure incontestablement la référence et le modèle parfait pour tous. A ce titre nous sommes appelés à lui ressembler. Fort de cette vérité, voici la recommandation que l'apôtre Paul fit aux Philippiens : « *Ayez en vous les sentiments qui étaient en Jésus Christ* » (Philippiens 2 : 5). En nous intéressant de près à ces sentiments, il en ressort qu'ils étaient empreints de vertus telles que : l'humilité, la sérénité et le désir d'obéir au Père.

b- Etre soucieux de l'intérêt des autres

Jean-Baptiste en donne un exemple remarquable lorsque, parlant du ministère de Jésus-Christ, il fit la déclaration suivante : « *Qu'il croisse et que je diminue* » (Jean 3 : 30). Des propos que tient cette icône spirituelle, se dégagent autant un bel état d'âme, qu'une noblesse d'esprit dont la présence inhibe le vieil homme et propulse le croyant pour le hisser au niveau des figures spirituelles de proue.

Nous pouvons aussi citer entre autre le cas de la reine Esther qui, devant le décret d'extermination du peuple juif, prit le risque de se présenter devant le roi au péril de sa vie. Esther 4 : 11-16 : « *Tous les serviteurs du roi et le peuple des provinces du roi savent qu'il existe une loi portant peine de mort contre quiconque, homme ou femme, entre chez le roi, dans la cour intérieure, sans avoir été appelé ; celui-là seul a la vie sauve, à qui le roi tend le sceptre d'or. Et moi, je n'ai point été appelée auprès du roi depuis trente jours. Lorsque les paroles d'Esther eurent été rapportées à Mardochée, Mardochée fit répondre à Esther : Ne t'imagine pas que tu échapperas seule d'entre tous les Juifs, parce que tu es dans la maison du roi ; car, si tu te tais maintenant, le secours et la délivrance surgiront d'autre part pour les Juifs, et toi et la maison de ton père vous périrez. Et qui sait si ce n'est pas pour un temps comme celui-ci que tu es parvenue à la royauté ? Esther envoya dire à Mardochée: Va, rassemble tous les Juifs qui se trouvent à Suse, et jeûnez pour moi, sans manger ni boire pendant trois jours, ni la nuit ni le jour. Moi aussi, je jeûnerai de même avec mes servantes, puis j'entrerai chez le roi, malgré la loi ; et si je dois périr, je périrai »* (Esther 4 :11-16). «*Lorsque le roi vit la reine Esther debout dans la cour, elle trouva grâce à ses yeux ; et le roi tendit à Esther le sceptre d'or qu'il tenait à la main. Esther s'approcha, et toucha le bout du sceptre »* (Esther 5 : 2).

Moïse a également eu la même attitude vis-à-vis du peuple d'Israël. Le passage suivant le traduit bien : «*Pardonne maintenant leur péché ! Sinon, efface-moi de ton livre que tu as écrit »* (Exode 32 :32).

c- Demeurer dans la sanctification

-1 Thessaloniciens 5 : 23 nous dit : « *Que le Dieu de paix vous sanctifie lui-même tout entiers et que tout votre être, l'esprit, l'âme et le corps soient conservés irrépréhensibles lors de l'avènement de notre Seigneur Jésus-Christ* ».

-1 Samuel 16 : 7 nous déclare ce qui suit : «*Et l'Eternel dit à Samuel : Ne prends point garde à son apparence et à la hauteur de sa taille, car je l'ai rejeté. L'Eternel ne considère pas ce que l'homme considère ; l'homme regarde à ce qui frappe les yeux, mais l'Eternel regarde au cœur* ». En tenant compte du fait que Dieu s'y intéresse particulièrement, les pensées pures et la conscience pure ne devraient pas être occultées du lot, conformément à Philippiens 4 : 8 qui dit :

« *Au reste, frères, que tout ce qui est vrai, tout ce qui est honorable, tout ce qui est juste, tout ce qui est pur, tout ce qui est aimable, tout ce qui mérite l'approbation, ce qui est vertueux et digne de louange, soit l'objet de vos pensées* », ainsi que les sentiments purs, comme Philippiens 2 : 5-7 l'atteste en ces termes :

« *Ayez en vous les sentiments qui étaient en Jésus-Christ, lequel, existant en forme de Dieu, n'a point regardé comme une proie à arracher d'être égal avec Dieu, mais s'est dépouillé lui-même, en prenant une forme de serviteur, en devenant semblable aux hommes* », une volonté soumise à Dieu et la crainte de Dieu qui nous conduisent à l'humilité et à l'esprit pacifique prôné dans la parole de Dieu, notamment dans Romains 12 : 2 où il est écrit : « *Ne vous conformez pas au siècle présent, mais soyez transformés par le renouvellement de l'intelligence, afin que vous discerniez quelle est la volonté de Dieu, ce qui est bon, agréable et parfait* ».

Toutefois, il convient de souligner que conformément à 1Thessaloniciens 5 : 23, la sanctification ne se limite pas seulement au niveau du corps physique. L'être invisible fait de l'âme et de l'esprit est aussi concerné par cette recommandation biblique qui dit : « *Que le Dieu de paix vous sanctifie lui-même tout entiers, et que tout votre être, l'esprit, l'âme et le corps soit conservé irrépréhensible, lors de l'avènement de notre Seigneur Jésus- Christ* ».

B- L'action spirituelle

En dehors de la beauté intérieure, il existe également des actions spirituelles qui, appliquées, concourent à la facilitation de la mise en œuvre et à l'aboutissement de la démarche d'acquisition de pardon que l'on initie.

1- Prier et être vigilant

Rien ne vaut un projet, une démarche ou un processus qui baigne dans la prière devant Dieu. En effet, celui qui prie démontre sa dépendance vis-à-vis de Dieu et son attachement à Celui-ci. Dans ces conditions, Dieu lui accorde sa faveur soit en révélant la directive à observer face au sujet de prière, soit en l'exauçant.

Il est important de prier pour tout ce que l'on entreprend, car les Ecritures nous demandent de prier sans cesse selon 1Thessaloniciens 5 : 17. En outre, elles nous préviennent que nous avons un ennemi, le diable (1Pierre 5 : 8), dont l'objectif est de nous empêcher de faire la volonté de Dieu, en l'occurrence, d'être dans l'intimité de Dieu à travers la prière.

Cependant, cet acte de piété et la vigilance n'étant pas antinomiques, il convient de souligner que la prière doit être couplée à la vigilance, du fait que notre adversaire le diable, lui, ne dort guère et qu'en outre, il nourrit à l'égard des rachetés de Jésus-Christ, de sombres desseins dont l'objectif, à terme, est de les éloigner de Dieu.

2- Recourir au Saint-Esprit

Lorsque les hommes sont confrontés à des difficultés, ils sont en général enclins à compter d'abord sur eux-mêmes. C'est pourquoi dans le cadre du règlement des conflits causés par une offense, l'on a tendance à compter sur ses expériences, sa sagesse, son éloquence ou son esprit critique.

Ces éléments ont leur importance dans la sphère du règlement des offenses et des conflits. Mais quand il s'agit de personnes qui croient en Dieu, il est indispensable que celles-ci aient recours au Saint-Esprit, c'est-à-dire demander l'assistance et la direction du Saint-Esprit dans la démarche pour solliciter le pardon de l'offensé. En effet, c'est lui qui convainc les cœurs de péché, de justice et de jugement comme le signifie si bien Jean 16 :8 en ces termes : « *Et quand il sera venu, il convaincra le monde de péché, de justice et de jugement* ».

C- L'attitude positive vis-à-vis de l'offenseur

1- Selon les psychologues

L'attitude que les psychologues recommandent pour faciliter le règlement des crises, tranche avec celle que l'on a tendance à observer en général, et qui consiste à voir l'offensé se braquer contre l'offenseur, à rester figé sur sa position, agressif et prêt à appliquer la loi du talion, c'est-à-dire le principe de « *œil pour œil, dent pour dent, pied pour pied* » (Deutéronome 19 : 21).

Pour les psychologues comme Abraham Maslow[11] l'homme a besoin d'amour et d'appartenance ; ce qui rend nécessaire le besoin qu'il fasse partie d'un groupe, qu'il ait un statut, qu'il soit aimé, écouté, compris et estimé des autres. De ce qui précède, il convient donc d'adopter à l'égard de l'offenseur, la conduite suivante :

a- Le consoler,

b- Ne pas l'accabler,

c- Lui manifester de la charité,

d- S'identifier à lui.

Cette approche consiste dans le fond à tendre la main à l'offenseur, c'est-à-dire à se montrer accessible et ouvert, disposé à régler le différend ; c'est lui donner une seconde chance de restauration de la relation rompue. Elle cadre bien avec la pensée biblique, comme en atteste le paragraphe suivant.

---

[11] Abraham Maslov, par Jacques Poujol, *Les 10 clés de la relation d'aide*, (Paris : Empreinte Temps Présent, 2002), p 75.

2- Selon les Ecritures

Plusieurs figures bibliques avaient antérieurement retenu notre attention. Il s'agit nommément de Joseph, David et de Jésus. En observant de près les actes qu'ils ont posés par rapport à leurs offenseurs, il ressort clairement qu'au-delà du pardon que ces personnages ont accordé à leurs offenseurs, leurs vies montrent qu'ils ont également manifesté une attitude purement salutaire à l'endroit de ceux qu'ils étaient en droit de considérer comme leurs ennemis. Celle-ci a consisté à leur donner la possibilité de se ressaisir, de s'excuser ou de demander pardon aux offensés qu'ils étaient.

C'est pourquoi Joseph n'a pas été rude ou hostile envers ses frères quand il les a retrouvés. C'est aussi la raison pour laquelle David non plus, ne s'en est pas pris violemment à Saül et à Schimeï. C'est d'ailleurs dans cette perspective que le Seigneur Jésus instruisait ses disciples en disant : «*Vous avez appris qu'il a été dit : Tu aimeras ton prochain et tu haïras ton ennemi. Mais moi, je vous dis : Aimez vos ennemis, bénissez ceux qui vous maudissent, faites du bien à ceux qui vous haïssent, et priez pour ceux qui vous maltraitent et qui vous persécutent*», (Matthieu 5 : 43-45). A la suite de la référence à ce même passage, Luc ajoute cette pensée capitale : «*Soyez donc miséricordieux, comme votre Père est miséricordieux*», (Luc 6 : 36).

Ainsi, vu que les attitudes d'hostilités ultérieures aux offenses sont dangereuses parce que susceptibles de faire perdre la foi aux faibles, tous ceux qui appartiennent au Seigneur de grâce devraient les proscrire de leur vécu quotidien et tendre vers le comportement des figures évoquées plus haut.

Dans le souci de contribuer à la préservation de la paix et de l'unité entre frères, sœurs, amis et collègues, il serait peut-être bon que nous appliquions par moments, la stratégie du Docteur Willard Teague[12].

---
[12] Willard Teague, missionnaire américain ayant servi en Côte d'Ivoire de 1972 à 1986.

Ce serviteur de Dieu pétri d'expériences nous a révélé un jour comment il procédait souvent pour décourager les fidèles qui venaient dénigrer certains ou en calomnier d'autres auprès de lui.

Il a fait savoir qu'au cours des échanges avec ces personnes, dès qu'il se rendait compte que c'était un cas de dénigrement ou de plainte, il embarquait immédiatement l'intéressé et avant même que celui-ci ne le réalise, il était face à face avec le mis en cause. A ce moment précis, il disait : « *Oui, tu disais* » ? C'est ainsi qu'il a souvent tué le mal dans l'œuf et préservé ou restauré à maintes occasions la communion fraternelle si précieuse.

Chapitre 7 :

Pourquoi pardonner ou demander pardon

Il existe plusieurs raisons pour lesquelles l'homme doit pardonner ou demander pardon à son prochain. Ensemble, parcourons-les.

A- *Le pardon émane de Dieu*

1- Dieu est miséricordieux

Dieu éprouve à l'endroit du pécheur de la pitié qui le pousse à pardonner par pure bonté. Plusieurs textes nous signifient qu'il est effectivement le Dieu de miséricorde, mais nous n'en retiendrons que ceux-ci :

a-Luc 1 : 54 : « *Il s'est souvenu de sa miséricorde* »
b-b- Ephésiens 2 : 4: « *Dieu est riche en miséricorde* »
c-Tite 3 : 5 : « *Il nous a sauvés en vertu de sa propre miséricorde* ».

2- Dieu pardonne

Les textes ci-dessous le confirment :
a- Genèse 18 : 26 : « *L'Eternel dit si je......je pardonnerai à toute cette localité* ».

b-2 Samuel 24 : 10 : « *...maintenant Eternel, daigne pardonner la faute de ton serviteur* ».
c-Esaïe 55 : 7 : « *...à notre Dieu qui pardonne abondamment* ».

3- Dieu demande de pardonner

a- Il est écrit dans l'évangile selon Matthieu, au chapitre 6 et aux versets 14 et 15 : « *Si vous pardonnez aux hommes leurs fautes, votre Père céleste vous pardonnera aussi vos fautes, mais si vous ne pardonnez pas aux hommes, votre Père ne pardonnera pas non plus vos fautes* ».

b- Nous lisons dans l'évangile selon Marc 11 : 25-26 « *Et lorsque vous êtes debout en prière si vous avez quelque chose contre quelqu'un pardonnez...* ».

c- Luc 6 : 36 : « *Soyez miséricordieux comme votre Père est miséricordieux* ».

Ces injonctions incombent à tous : hommes, femmes, enfants et jeunes gens quels que soient leur rang social, leur race ou leur religion, mais surtout à ceux qui appartiennent à Dieu.

B- Du fait de « l'Imago Dei »

« *L'Imago Dei* » est un terme qui signifie l'image de Dieu. Il trouve sa raison d'être dans la création de l'homme et de la femme. En effet, avant qu'ils ne soient créés, deux décrets divins les ont précédés. Nous trouvons le premier ainsi libellé : « *Faisons l'homme à notre image, selon notre ressemblance* », (Genèse 1 : 26). Le deuxième, lui, déclare : « *Il n'est pas bon que l'homme soit seul ; je lui ferai une aide semblable à lui* », (Genèse 2 : 18).

De ces deux références bibliques, il ressort que l'être humain porte en lui l'image de Dieu et qu'il est un être relationnel. En tant que tel, il a l'obligation non seulement de refléter cette image de Dieu appelée « Imago Dei » en véhiculant la miséricorde, mais aussi en ayant avec ses semblables de bonnes relations interhumaines, à la mesure de celles que notre créateur lui-même entretient avec le

Fils et le Saint-Esprit. Car, de même que les parents terrestres sont fiers de voir leurs enfants leur ressembler, de même le Père céleste aussi voudrait voir les siens lui ressembler. C'est d'ailleurs dans le droit fil de cette pensée qu'il est écrit : *«Mais puisque celui qui vous a appelés est saint, vous aussi soyez saints dans toute votre conduite, selon qu'il est écrit : Vous serez saints, car je suis Saint »*, (1Pierre 1 : 15-16).

C- Refuser de pardonner profite au diable

Le fait de ne pas pardonner fait l'affaire du diable, car Satan trouve son compte dans les querelles, les conflits, les divisions et les séparations de couples ou divorces.

Notre Dieu pardonne. Si nous sommes ses enfants, il veut que nous puissions nous aussi faire comme lui en pardonnant à ceux qui nous offensent. N'ayons pas de réactions négatives vis-à-vis du pardon d'autant plus qu'en pardonnant, nous sortons de la sphère de prédilection de l'ennemi de Dieu, le diable, notre ennemi à nous aussi.

Le refus de pardonner est un parfum d'une senteur exécrable qui réjouit à coup sûr le cœur de Lucifer et de ses démons. C'est pourquoi quiconque est habité par la sagesse divine, n'empeste pas cette odeur-là.

D- Pardonner fait répandre la bonne odeur de Jésus-Christ

Paul utilise cette métaphore pour mettre en exergue combien le fait de pardonner peut rendre notre compagnie agréable et attirer notre entourage à Christ dont la compagnie était agréable au point où des foules le suivaient.

Ainsi, quand le chrétien pardonne, cela fait l'affaire du Seigneur.

L'histoire des deux cousines dont l'une s'appelait Martha et l'autre Josée illustre bien cette pensée.

Ces deux cousines étaient des croyantes. Martha, contrairement à Josée, étant née de nouveau, pratiquait sa foi, les enseignements de la parole de Dieu et aimait sa cousine d'un véritable amour fraternel. Malheureusement, ce n'était pas le cas avec Josée. En effet, chaque fois que la première allait rendre visite à la seconde, celle-ci l'humiliait devant ses collègues en refusant de lui adresser la parole et de lui donner un siège. La raison profonde de ses agissements émanait simplement d'une question de positions doctrinales divergentes.

Cependant, consciente du danger spirituel qu'encourrait sa cousine Josée par ses attitudes hostiles à son endroit, Martha ne voulut pas la laisser dans cet état. Elle se mit alors à prier chaque jour pour Josée. Un jour, convaincue par l'Esprit de Dieu, Martha se rendit encore au service de Josée pour lui parler de la part de Dieu en ces termes : « *Même si tu ne veux pas me donner de siège pour m'asseoir, je sais au moins que tu m'entends. Je voudrais te rappeler que Dieu nous enjoint de vivre en paix avec tous les hommes d'après Romains 12 :18, et de pardonner à nos semblables leurs fautes quelles qu'elles soient selon Matthieu 6 : 14-15. Ne m'en veux pas, car je suis ta sœur* ». Et elle se retira.

La nuit, le Saint-Esprit convainquit Josée de péché contre sa cousine et contre Dieu. Elle pleura et ne put dormir toute la nuit. Mais elle n'eut pas la force d'aller vers sa cousine. Bien plus tard, quand Martha vint la revoir, ce fut une autre Josée qu'elle trouva. Pour la première fois, elle la fit asseoir et lui demanda pardon pour toutes ses attitudes hostiles à son endroit. Martha lui signifia qu'elle ne lui en voulait pas parce qu'elle lui avait pardonné depuis longtemps. Elle l'invita même à son domicile. Une fois à la maison, au cours de leur prière ensemble, Josée fut remplie d'Esprit-Saint et se mit à parler en d'autres langues. Grâce à sa persévérance, sa force de pardon et à son amour, Martha a su ramener sa cousine sur le droit chemin.

E- *Pardonner ou demander pardon est un acte de grandeur d'âme*

Le fait de pardonner ou de demander pardon est un acte qui est riche d'enseignements. Il met en exergue plusieurs valeurs humaines dont nous voulons souligner celles qui suivent :

1- Le pardon est une expression d'humilité

Nous avons d'abord tendance à justifier tout ce que nous faisons, qu'il s'agisse de bien ou de mal. Mais lorsque nous agissons mal, il nous est généralement difficile de descendre de notre piédestal où nous a placé notre amour-propre, notre ego momentanément démesuré. Notre orgueil ayant ainsi franchi « son » seuil de tolérance, il nous a conduit à offenser l'autre.

Quand on sait que la difficulté plus ou moins grande qu'éprouve un homme à demander pardon est fonction de son sens de l'éthique, de la justice et de son empathie (c'est-à-dire sa capacité à se mettre à la place d'autrui pour ressentir de l'intérieur, ce que celui-ci ressent dans une situation de souffrance), comment faire pour descendre du haut de ce piédestal sans se sentir mal dans sa peau ? Assurément, il faut savoir faire preuve de courage, d'humilité, cette qualité morale qui demande un effort sur soi-même, afin d'accomplir un acte dont la plus grande récompense est d'ordre moral, voire spirituel.

L'humilité est une vertu qui fait appel à l'abaissement. Elle place celui à qui l'on demande grâce en position d'élévation par rapport à celui qui demande pardon. Toutefois, celui qui demande pardon n'est nullement inférieur, car l'acte qu'il pose, en vérité, atteste plutôt de sa part qu'il fait preuve d'une grandeur d'âme ou d'une maturité indéniable.

2- Le pardon est une expression de sagesse

La sagesse est la qualité de quelqu'un qui fait preuve d'un jugement droit, sûr et averti dans ses décisions. Dès l'instant où, face à un conflit, une crise ou une offense, on estime qu'en demandant pardon ou en pardonnant, on contribue à préserver la paix, la cohésion et qu'on le fait effectivement, on fait preuve de sagesse. Ainsi, quiconque pardonne ou demande pardon est aussi sage, car l'homme sage est pondéré et possède une somme de connaissances et d'expériences toujours susceptibles de servir. Il sait y recourir. Il a des cadres de référence (coutumes, lois modernes, vécu personnel, croyance en Dieu, etc.).

3- Le pardon est une expression de responsabilité

Se comporter en responsable, c'est assumer son acte. C'est reconnaître, en toute sincérité que l'on est vraiment l'auteur de ce que l'on dit, de ce que l'on fait, et que l'on est prêt à en supporter les conséquences. Ainsi, celui qui pardonne(sincèrement) apparaît dans toute sa crédibilité et doit être considéré comme une personne responsable, digne de confiance, fréquentable, et donc sociable au même titre que celui qui demande pardon (sincèrement) qui lui, en plus est pardonnable et rachetable.

Dans le cas du récit de Kouvé, le porte-parole a pris la décision de demander pardon au préalable sans l'avis de l'ensemble de la délégation. Il a agi, en ayant simplement la conviction que l'acte qu'il allait poser tournerait plutôt à notre avantage qu'à notre défaveur.

En procédant de cette manière, il s'exposait au risque d'être perçu comme un insensé, un maladroit, un ignorant des principes protocolaires. Et ce fut effectivement le cas, à en juger par les réactions de l'assemblée. Mais il a tout assumé, sachant ce qu'il voulait. Le souci de réussir la mission qui lui avait été confiée a motivé sa demande de pardon. Il a donc fait montre de son sens de responsabilité.

4- Le pardon est une expression d'intelligence sociale

Nos sociétés sont régies par des règles et des normes qui nous servent de repères quant au fonctionnement des milieux dans lesquels nous vivons. Le fait de le savoir permet de réagir de manière adéquate en cas de besoin.

Ainsi, lorsque nos relations humaines avec nos semblables se brisent, notre compréhension de ces valeurs doit nous mener vers le moyen de rétablissement qu'est le pardon. Nous ne faisons donc pas preuve de sagesse en refusant de pardonner ou de demander pardon à nos semblables.

5- Le pardon est une expression d'hygiène sociale

Le pardon participe de l'assainissement moral. Le pardon demandé ou accordé libère l'individu d'un poids moral ; ce qui le rend apte à poursuivre ses rapports sociaux en paix. L'absence de pardon et le cumul des rancœurs constituent comme des toxines mentales et relationnelles, autant que des facteurs de stress ; toutes choses qui compliquent les relations avec les autres.

Celui qui pardonne ou demande pardon préserve la société de situations et de comportements qui pourraient mettre à mal la cohésion sociale qui est si fragile. Il la préserve des conflits interhumains, facteurs de bien de déchirements et de tensions dans notre monde.

F- Pour notre santé physique et spirituelle

Il est bon de vivre de pardon, car notre santé physique et notre santé spirituelle en dépendent. En effet, les rancœurs, le stress et autres mauvaises dispositions de cœur, loin de contribuer à notre épanouissement, nous entraînent plutôt vers une dégradation physique et spirituelle. Nous en voulons pour preuve, d'une part, nos querelles d'enfance et nos bagarres de jeunesse avec leur corolaire de blessures physiques et, d'autre part, le fait que suite à l'inceste d'Amnon sur Tamar sa demi-sœur, Absalom qui n'avait pas pardonné, ait fini par tuer Amnon (2 Samuel 13 : 14 ; 20-29). Par ailleurs, il est écrit : « *Si vous ne pardonnez pas aux hommes, votre Père céleste ne vous pardonnera pas non plus vos offenses* », (Matthieu 6 : 15).

En outre, le pardon met devant nous les réalités du paradis et de l'enfer. Ainsi, notre avenir spirituel en dépend comme nous le verrons de manière plus détaillée dans le chapitre suivant.

G- Pardonner est une source de libération

Quand on refuse de demander pardon ou de pardonner, on ne se sent pas du tout libre en soi-même et on ne se sent pas libre envers l'offenseur non plus. Ceci est d'autant plus vrai que l'ayant compris, Samuel et Dorothée Hatzakorzian[13] ont déclaré que le pardon libère de la culpabilité.

---

[13] Samuel et Dorothée Hatzakorzian, *Le Pardon est une Puissance qui libère* (France : Compassion, 3ème Ed. 1980), p. 21-23.

Chapitre 8 :

Les conséquences du manque de pardon

Le fait de manquer de pardonner ou de demander pardon entraîne des conséquences multiples.

A- En cas de refus de pardonner

1- Conséquences physiques

Les résultats d'une étude sur les causes de la mortalité conduite par l'université de médecine Duke aux Etats-Unis, ont été rapportés par David Stoop[14], dans son ouvrage intitulé « *solutions pratiques pour pardonner l'impardonnable* ». Il en ressort que la première cause de mortalité aux Etats-Unis est le manque de pardon. Les chercheurs qui y ont travaillé ont montré que derrière les maladies cardiaques, le cancer et les autres maladies mortelles pouvaient se cacher un syndrome mortel lié au manque de pardon et à l'état d'esprit qui l'accompagne.

Lorsque nous ne pardonnons pas, notre corps en subit les conséquences de diverses manières. Notre tension artérielle augmente et notre état de stress peut nous conduire à l'épuisement physique et émotionnel. La rancœur, la rancune, l'hostilité et la colère entraînent des affections cardio-vasculaires sérieuses selon les docteurs Redford William[15] et Virginia Williams. Le manque de pardon expose aussi le sujet au trouble de sommeil, au manque d'appétit, ce qui débouche inéluctablement sur l'amaigrissement et les ulcères d'estomac. La Parole de Dieu le soutien lorsqu'elle dit : « *Un cœur joyeux est un bon remède, Mais un esprit abattu dessèche les os* », *(*Proverbes 17:22).

---

[14] David Stoop, *Solutions pratiques pour pardonner l'impardonnable (*Nîmes : Vida, 2001), P. 94.
[15] Redford Williams, Virginia Williams, par David Stoop Ibid, P. 95.

2- Conséquences psychiques

L'angoisse, la tristesse qui en découlent peuvent accabler comme le signifie 2 Corinthiens 2 : 5-7 en ces termes : « *Si quelqu'un a été cause de tristesse, ce n'est pas moi qu'il a attristé, mais c'est vous, du moins en partie, pour ne rien exagérer. Il suffit pour cet homme du châtiment qui lui a été infligé par le plus grand nombre, en sorte que vous devez bien plutôt lui pardonner et le consoler, de peur qu'il ne soit accablé par une peur excessive* ». Or, l'accablement peut entraîner vers des troubles psychiques ou mentaux, surtout quand il y a un manque de sommeil comme évoqué antérieurement.

3- Les conséquences sociales

Il s'établit en cas de manque de pardon ou de refus de pardonner, un froid dans les relations interhumaines, ce que les Ecritures déconseillent vivement, elles qui recommandent aux croyants d'être en paix avec tout le monde selon Romains 12 : 18 qui dit : « *S'il est possible, autant que cela dépend de vous, soyez en paix avec tous les hommes* ».

Malheureusement, ils sont nombreux ceux qui, dans les situations de conflits, plutôt que de chercher à rétablir les relations perturbées, préfèrent par pur orgueil, rompre carrément les relations avec leurs offenseurs. En Christ, il ne doit pas en être ainsi, car les écritures nous déclarent que nous avons reçu de Dieu le ministère de la réconciliation, selon qu'il est écrit : « *Car Dieu était en Christ, réconciliant le monde avec lui-même, en n'imputant pas aux hommes leurs offenses, et il a mis en nous la parole de la réconciliation* », (2 Corinthiens 5 : 19).

4- Les conséquences spirituelles

En nous référant à Matthieu 6 : 14-15, il s'en suit que le manque de pardon est une menace pour notre communion avec le Seigneur, car il y est écrit : « *Si vous pardonnez aux hommes leurs fautes, votre Père céleste vous pardonnera aussi ; mais si vous ne pardonnez pas aux hommes, votre Père ne vous pardonnera pas non plus vos fautes* ». Ce texte biblique met en évidence deux vérités qui sont régies par une relation de cause à effet.

La première est en rapport avec l'attitude de l'homme vis-à-vis de l'offense de son prochain. La deuxième est en rapport avec la réaction de Dieu vis-à-vis de l'attitude de l'homme face à l'offense de son prochain. Dans cette référence biblique, nous découvrons que lorsqu'un croyant refuse de pardonner à son prochain la faute que celui-ci a commise, Dieu ne pardonne pas non plus la faute de celui qui agit ainsi, quand ce dernier lui demande pardon pour ses propres fautes.

Ceci est une situation extrêmement grave, quand on sait que l'homme est susceptible de pécher même étant né de nouveau. S'il ne peut donc bénéficier du pardon de Dieu, c'est qu'il est d'avance condamné devant Dieu et ses grâces compromises car :

a- Ses bénédictions spirituelles seront bloquées.
b- La porte du ciel lui sera fermée.

5- Les conséquences émotionnelles

Le manque de pardon suscite parfois des sentiments de haine et de rancune chez plusieurs personnes. Lorsqu'on se met dans cet état, on ouvre des brèches à l'ennemi qui entre dans la sainte demeure où doit régner le Tout-Puissant et il vient y semer de l'ivraie.

B- En cas de refus de demander pardon

Le fait de refuser de demander pardon est aussi un acte lourd de conséquences. Entre autres, nous pouvons évoquer le stress, le manque d'appétit, l'amaigrissement et les troubles psychologiques dûs au manque de sommeil. Mais le plus grave, c'est que l'on perd la grâce de Dieu.

C'est pourquoi en cas de conflit, toute personne concernée doit accepter d'aller demander pardon à son prochain afin de rétablir les bonnes relations humaines et la communion fraternelle, conformément à Matthieu 5 : 23-25 : « *Si donc tu présentes ton offrande à l'autel, et là, tu te souviennes que ton frère a quelque chose contre toi, laisse là ton offrande devant l'autel, et va d'abord te réconcilier avec ton frère ; puis, viens présenter ton offrande. Accorde-toi promptement avec ton adversaire pendant que tu es en chemin avec lui...* » ; Et Matthieu 18 : 19-20 : « *Je vous dis encore que, si deux d'entre vous s'accordent sur la terre pour demander une chose quelconque, elle leur sera accordée par mon Père qui est dans les cieux. Car là où deux ou trois sont assemblés en mon nom, je suis au milieu d'eux* ».

Il convient donc de faire remarquer que les difficultés physiques, matérielles, sociales et même spirituelles que rencontrent certains frères et sœurs dans la foi ne sont pas toutes forcément du fait de Satan et des démons. Elles résultent parfois du simple refus de pardonner. Il suffit donc dans de tels cas, de recourir uniquement au pardon pour que la situation soit décantée, que ces frères et sœurs soient soulagés, et que par ricochet, le fardeau des conducteurs spirituels soit davantage allégé.

Chapitre 9 :

Les avantages à accorder le pardon ou à demander pardon

Pardonner ou de demander pardon sont des actes hautement avantageux pour tous ceux qui les expérimentent.

A- Les avantages à accorder le pardon

1- Sur le plan humain

a- La valorisation de l'esprit de l'individu

Alexander Pope déclare : « *Celui qui est brave pense que celui qui le blesse n'est pas supérieur à lui, car il a le pouvoir de s'élever au-dessus de lui en pardonnant l'offense* »[16]. A travers ces propos, il met en évidence que le fait de pardonner l'offense de notre prochain a l'avantage d'élever celui qui agit ainsi au-dessus de son offenseur.

b- La restauration des relations interhumaines

Les offenses provoquent des relations tendues avec une ou plusieurs personnes. Mais quand le pardon est accordé, les rapports se décrispent comme en atteste l'histoire des réfugiés libériens regroupés à Akouédo, un village ébrié situé à environ trois kilomètres de la Riviéra-Palmeraie, un quartier d'Abidjan.

C'était en l'an mil neuf cent quatre-vingt-douze (1992). Je me souviens encore comme si cela datait d'hier, de la toute première rencontre que nous avons eue avec eux, le missionnaire Forest Baiser[17] et moi-même. Certains parmi eux avaient les yeux hagards, d'autres avaient la mine renfrognée. Mais ce qui terrifiait le plus c'était ce groupe qui lui, rempli de haine, écumait de rage. L'intense malaise qui

---

[16] Pope Alexander par Frank S. Mead, dans *12,000 Religious Quotations*, P. 149.
[17] Forest Baiser, missionnaire américain ayant servi en Côte d'Ivoire de 1992 à 1994.

prévalait dans ce camp de réfugiés était notoire. Le mettant au compte des traumatismes de la guerre, nous ignorions les raisons profondes de cette atmosphère lourde et insupportable qui régnait et qui n'était pas de nature à nous faciliter la tâche spirituelle pour laquelle nous avions été mandatés aux côtés de ces bien-aimés.

En définitive, prenant le taureau par les cornes, le missionnaire Forest Baiser interrogea certains d'entre eux. C'est alors que nos yeux s'ouvrirent. Nous découvrions donc que parmi eux, figuraient des personnes dont les parents ou des proches avaient été tués (fusillés, égorgés ou éventrés) par les parents ou les proches d'autres réfugiés présents eux aussi dans le camp. Dans ces conditions, il leur était difficile de penser au pardon. Seule la vengeance animait le cœur de plusieurs d'entre eux. Mais grâce à la prière, à l'œuvre du Saint-Esprit, à la Parole de Dieu, au contact direct avec les uns et les autres et surtout grâce à une volonté ferme de voir cette page sombre de leur histoire tournée, la situation a heureusement changé. Ils ont fini par se pardonner, la réconciliation apparemment impossible a eu lieu, et la communion fraternelle a repris, débarrassée de tout gène d'hypocrisie.

2- Sur le plan social

Au niveau social, le fait de pardonner met à l'abri des risques de violence et de meurtre. Ceci rend la vie avec les autres beaucoup plus agréable, et contribue à l'établissement d'un équilibre social.

3- Sur le plan psychologique

A ce niveau, nous pouvons souligner deux éléments :

D'abord, il convient de relever que celui qui pardonne éprouve le soulagement intérieur d'être déchargé du fardeau que provoque l'offense. Ceci procure en général une grande joie.

Ensuite, il faut noter que celui qui accorde le pardon éprouve aussi la satisfaction d'être utile à son prochain qui a besoin de son assistance.

4- Sur le plan spirituel

Au niveau spirituel, le fait de pardonner nous fait bénéficier de la faveur de Dieu, car celui qui pardonne obéit à Dieu. Or, il est écrit : « *Si tu obéis à la voix de l'Eternel, ton Dieu, en observant et mettant en pratique tous ses commandements, que je te prescris aujourd'hui, l'Eternel ton Dieu, te donnera la supériorité sur toutes les nations de la terre* », (Deutéronome 28 : 1). Les bénédictions que Dieu déverse sur la vie de celui qui lui obéit sont variées, comme en atteste la suite de notre passage précédant en ces termes :

« *Voici toutes les bénédictions qui se répandront sur toi et qui seront ton partage, lorsque tu obéiras à la voix de l'Eternel ton Dieu : Tu seras béni dans la ville, et tu seras béni dans les champs. Le fruit de tes entrailles, le fruit de ton sol, le fruit de tes troupeaux, les portées de ton gros et de ton menu bétail, toutes ces choses seront bénies. Ta corbeille et ta huche seront bénies. Tu seras béni à ton arrivée et tu seras béni à ton départ. L'Eternel te donnera la victoire sur tes ennemis qui s'élèveront contre toi ; ils sortiront contre toi par un seul chemin, et ils s'enfuiront devant toi par sept chemins.*

L'Eternel ordonnera à la bénédiction d'être avec toi dans tes greniers et dans toutes tes entreprises. Il te bénira dans le pays que l'Eternel ton Dieu te donne. Tu seras pour l'Eternel un peuple saint, comme il te l'a juré, lorsque tu observeras les commandements de l'Eternel, ton Dieu, et que tu marcheras dans ses voies. Tous les peuples verront que tu es appelé du nom de l'Eternel, et ils te craindront. L'Eternel te comblera de biens, en multipliant le fruit de tes entrailles, le fruit de tes troupeaux et le fruit de ton sol, dans le pays que l'Eternel a juré à tes pères de te donner. L'Eternel t'ouvrira son bon trésor, le ciel, pour envoyer à ton pays la pluie en son temps et pour bénir tout le travail de tes mains ; tu prêteras à beaucoup de nations, et tu n'emprunteras point. L'Eternel fera de toi la tête et non la queue, tu seras toujours en haut et tu ne seras jamais en bas, lorsque tu obéiras aux commandements de l'Eternel, ton Dieu, que je te prescris aujourd'hui, lorsque tu les observeras et les mettras en pratique, et que tu ne te détourneras ni à droite ni à gauche de tous les commandements que je vous donne aujourd'hui, pour aller après d'autres dieux et pour les servir », (Deutéronome 28 : 2-14).

B- Les avantages à demander pardon

Contrairement à ce que pensent plusieurs personnes, le fait de demander pardon n'est pas un acte dévalorisant, humiliant ou désavantageux pour celui qui agit ainsi.

1- Sur le plan moral

Reconnaître son tort avant d'aller demander pardon est un préalable. Cela dénote d'un éveil de conscience qui, maintenu, nous rend sensible et non indifférent à la question du bien et du mal.

2- Sur le plan psychologique

A ce niveau, quiconque s'engage à demander pardon, s'engage à se libérer soi-même. C'est un acte qui conduit à être déchargé du fardeau de la culpabilité, des remords et des tensions qui s'installent dans les relations avec autrui, lorsque celui-ci est offensé. En plus, le fait de demander pardon libère aussi de son fardeau, l'offensé qui ploie sous le poids du mécontentement, de la rancœur et du désir de nuire.

3- Sur le plan spirituel

Demander pardon est un acte d'obéissance à Dieu, car il est écrit : « *Si donc tu présentes ton offrande à l'autel et que là, tu te souviennes que ton frère a quelque chose contre toi, laisse-là ton offrande, et va d'abord te réconcilier avec ton frère ; puis viens présenter ton offrande* », (Matthieu 5 : 23). L'obéissance à Dieu étant une source de bénédictions, celui qui la pratique en demandant pardon, jouit également de la faveur du Seigneur. A ce titre, toutes les bénédictions que Dieu réserve à ceux qui lui obéissent sont aussi valables dans le contexte présent.

Chapitre 10 :

Dans quelles circonstances demander pardon ?

Les Ecritures nous présentent deux cas de figure pour lesquels nous devons demander pardon en tant que chrétiens :

A- Quand quelqu'un a quelque chose contre nous

La parole de Dieu nous déclare clairement dans Matthieu 5 : 23-25 qu'au moment où quelqu'un va devant l'autel pour y présenter son offrande, si là, il se souvient que son frère a quelque chose contre lui, il doit y laisser son offrande, et aller d'abord se réconcilier avec son frère ; puis revenir présenter son offrande à Dieu.

Ainsi, quand l'un d'entre nos bien-aimés, parents, collègues, voisins ou autres nous signifie directement ou indirectement par ses attitudes ou par ses propos qu'il nous reproche quelque chose, nous avons l'obligation, par souci d'obéissance en tant que disciple du Christ, et par motif de conscience envers Dieu, d'aller vers lui, pour régler le problème comme le veut le Maître. De cette manière la réconciliation se fera et la communion fraternelle sera restaurée.

Sur la base du verset cité plus haut, c'est donc une désobéissance, un péché que de savoir d'une manière ou d'une autre que notre frère ou notre sœur a quelque chose contre nous, et de faire preuve d'indifférence. Quiconque aime Dieu et se réclame disciple de Jésus-Christ ne devrait pas agir ainsi.

B- Quand nous offensons

Plusieurs textes bibliques nous situent sur ce deuxième cas de figure pour lequel nous devons demander pardon.

1- Lorsque nous offensons Dieu

Nos offenses et nos péchés nous séparent de Dieu et nous pouvons en mourir. Or, Dieu veut garder une communion avec nous ; c'est la raison pour laquelle, après le péché d'Adam et Eve dans le jardin d'Eden, il les a approchés par la suite, aux fins de rétablir la communion entre lui et le couple déchu (Genèse 3 : 6-20). C'est aussi pour cela que face aux péchés de l'humanité, il n'a pas hésité à donner son fils unique, de sorte que tous ceux qui croient en son nom puissent être reconnectés à lui, quels que soient les péchés commis. Ce verset biblique qui dit : « *Car, Dieu a tant aimé le monde, qu'il a donné son fils unique afin que quiconque croit en lui ne périsse pas mais qu'il ait la vie éternelle* » (Jean 3 : 16), l'atteste bien.

Ainsi, lorsque nous offensons Dieu, étant donné qu'il est miséricordieux, nous pouvons lui demander pardon de manière sincère, dans un esprit de repentance et nous serons pardonnés. D'ailleurs, il nous y invite dans Esaïe 1 : 18 par ces paroles : « *Venez et plaidons ! dit l'Eternel. Si vos péchés sont comme le cramoisi, ils deviendront blancs comme la neige ; s'ils sont rouges comme la pourpre, ils deviendront comme la laine* ». Quel privilège, quelle grâce !

2- Lorsque nous offensons notre prochain

Pendant notre pèlerinage sur la terre, il nous arrivera souvent d'offenser nos semblables. Dans ce cas, en tant que chrétien, il convient en toute humilité de demander pardon. C'est ce qu'a fait Abigaïl l'épouse de Nabal vis-à-vis de David. En effet, Nabal ayant fait preuve d'ingratitude et de mépris à l'endroit de David, ce dernier, contrarié par un tel agissement, voulut se venger de cet homme méchant en l'exterminant lui, et tout ce qui lui appartenait.

Grâce à l'intervention d'Abigaïl qui demanda pardon à David au nom de sa maison, David renonça à son projet et Nabal fut épargné (1 Samuel 25 :1-35).

Il est important de noter ici qu'Abigaïl l'épouse de Nabal s'est substituée à son mari alors qu'elle n'était pas en situation d'offenseur. Si elle a agi ainsi, à combien plus forte raison ne devrions-nous pas aussi demander pardon, surtout quand nous sommes en situation d'offenseur.

En définitive, il apparaît que le pardon est autant un remède préventif que curatif. C'est un bien précieux pour le bien-être social. Il mérite donc d'être davantage valorisé.

Mais la question fondamentale qui reste posée dans un tel contexte est celle de savoir comment procéder pour aboutir à un pardon vrai et durable.

Chapitre 11 :

Comment demander pardon ?

Demander pardon est un acte de volonté à la fois simple et complexe. L'ignorer, c'est se heurter très souvent à d'énormes difficultés individuelles et collectives. C'est pourquoi la réussite de cet acte doit nécessairement s'inscrire dans la conformité à un état d'âme, une procédure, et un moment propice.

A- Un état d'âme

Il est ici question pour toute personne qui va demander pardon à une autre qu'elle a offensée directement ou indirectement d'avoir en elle les dispositions ci-dessous.

1- L'humilité

Celui qui s'engage à demander pardon doit être caractérisé par l'humilité, car seul Dieu est grand. Devant cette vérité incontestable, tout être humain doit s'abaisser quel que soit son rang, sa qualité, son titre ou son grade. Cette vertu est l'arme des forts, car c'est l'expression d'une grande force que de savoir se départir de son orgueil.

2- L'esprit pacifique

On ne s'engage pas à demander pardon avec un esprit belliqueux, de querelles, de disputes et de contestations : « *Cette sagesse n'est point celle qui vient d'en haut ; mais elle est terrestre, charnelle, diabolique. Car là où il y a un zèle amer et un esprit de dispute, il y a du désordre et toutes sortes de mauvaises actions* », (Jacques 3 : 15-16). La bible interpelle à ce sujet tous ceux qui se réclament de

Dieu en ces termes : « *S'il est possible, autant que cela dépend de vous, soyez en paix avec tous les hommes* », (Rom12 : 18). L'esprit pacifique caractérisé par la sagesse de Dieu, crée une atmosphère propice au pardon, au règlement des conflits, et à la réconciliation. Les Ecritures le confirment dans l'épître de Jacques 3 : 17, lorsqu'elles déclarent clairement que : « *La sagesse d'en haut est premièrement pure, ensuite pacifique, modérée, conciliante, pleine de miséricorde et de bons fruits, exempte de duplicité, d'hypocrisie* ».

3- La repentance

La repentance consiste en une prise de conscience du mal que l'on a fait à autrui, à en avoir pratiquement le cœur brisé et à être résolu à s'en démarquer sans chercher à se justifier. Car toute tentative de justification du mal causé à autrui est susceptible de l'irriter et donc de provoquer des réactions qui mettront à mal les efforts de réconciliation.

Ainsi, de même que Dieu attend du pécheur la repentance avant que celui-ci n'obtienne la rémission de ses péchés, de même toute personne qui va demander pardon doit être animée de l'esprit de repentance. Car sans repentance, il n'y a pas de pardon.

4- La sincérité

L'offenseur doit montrer à l'offensé(e) la sincérité dans sa quête de pardon, tant dans son attitude que dans ses propos.

Cette disposition de cœur permet à l'offensé d'accéder plus facilement à la requête de l'offenseur et crée une atmosphère propice au pardon. Elle a prévalu dans les premiers échanges que les frères de Joseph ont eu avec ce dernier devenu premier ministre d'Egypte. Cela transparait dans les propos suivants : « *Nous sommes tous fils d'un même homme ; nous sommes sincères, tes serviteurs ne sont pas des espions »*, (Genèse 42:11).

De façon générale nos rapports avec les autres doivent être empreints de sincérité. C'est à cela que nous invite l'apôtre Pierre quand il dit : « *Ayant purifié vos âmes en obéissant à la vérité pour avoir un amour fraternel sincère, aimez-vous ardemment les uns les autres, de tout votre cœur, puisque vous avez été régénérés, non par une semence corruptible, mais par une semence incorruptible, par la parole vivante et permanente de Dieu »*, (1Pierre1 : 22-23).

B- Une procédure

La procédure est la démarche à suivre pour demander pardon. La plupart des chrétiens africains rencontrent à ce stade un problème d'ordre biblico-culturel. Ils sont partagés entre l'obéissance au principe biblique de Matthieu 18 qui exhorte à aller vers son frère ou sa sœur en cas de différend, et la pratique coutumière qui elle, recommande en cas d'offense, que l'on ait recours à un tiers, surtout quand l'offenseur est plus jeune que l'offensé. Parfois aussi, on demande que cela soit systématique par mesure de bienséance.

Lorsqu'un chrétien a malheureusement offensé un incroyant, il doit avec sincérité et humilité, lui demander pardon selon le code culturel de ce dernier, c'est-à-dire accepter de rentrer dans la vision du monde de celui-ci, sans toutefois se compromettre.

Cependant, quand un chrétien offense un autre chrétien, la démarche doit être directe, c'est-à-dire que l'offenseur doit aller vers l'offensé pour lui demander pardon. Dans cette démarche, en cas de besoin, la sollicitation d'une tierce personne peut aussi s'avérer nécessaire.

En outre, l'offre d'un présent symbolique peut s'imposer pour matérialiser la réconciliation après que la demande de pardon ait été accordée. Cependant, si la nature et l'usage dudit présent posent un problème d'éthique ou de conscience, le croyant doit se garder de l'accepter.

C- *Un moment propice*

Le moment propice est le moment favorable. Demander pardon au moment propice c'est demander pardon à l'offensé quand celui-ci est disponible, disposé à écouter, réceptif.

S'inscrire dans cette logique pourrait donc demander de notre part de la patience.

D- *Une réparation du tort*

Lorsque nous causons du tort à notre prochain et que des dommages physiques ou matériels s'en suivent, nous avons le devoir d'en assumer les conséquences en toute responsabilité en songeant à réparer les torts commis tant que faire se peut.

Une fois, un frère qui possédait lui-même une voiture, alla solliciter celle d'un autre, arguant que la sienne n'était pas en très bon état. De retour de son périple, il fut victime d'un accident de circulation et la voiture empruntée fut gravement endommagée. Avec plusieurs frères, il vint demander pardon. Et lorsque celui qui lui avait prêté la voiture accéda au pardon, il se leva et, suivi de sa délégation, tous s'en allèrent sans proposer une quelconque forme de dédommagement. Ceci est une grave entorse aux principes bibliques. A la place de l'un et de l'autre qu'auriez-vous fait ?

Pour illustrer la nécessité de réparer les torts, citons deux textes bibliques :

«*Mais Zachée, se tenant devant le Seigneur, lui dit : Voici, Seigneur, je donne aux pauvres la moitié de mes biens, et, si j'ai fait tort de quelque chose à quelqu'un, je lui rends le quadruple* », (Luc 19:8).

«*Ou la chose quelconque sur laquelle il a fait un faux serment. Il la restituera en son entier, y ajoutera un cinquième, et la remettra à son propriétaire, le jour même où il offrira son sacrifice de culpabilité* », (Lévitique 5:24).

La version parole de vie rend ce même verset en ces termes :

«*Il doit rendre n'importe quel objet au sujet duquel il a fait un faux serment. Le coupable non seulement rembourse tout, mais il paie en plus un cinquième de cette somme. Il remet cela au propriétaire de l'objet dès qu'il se reconnaît coupable* ».

Chapitre 12 :

Comment pardonner ?

A la croix, le pardon que Jésus Christ a offert à ses bourreaux et à tous ceux qui l'ont outragé, est assez remarquable. En effet, nous y voyons Jésus comme un professeur qui, après avoir dispensé un cours magistral à ses disciples tout au long de son ministère, passe maintenant aux travaux pratiques, afin de fixer dans l'esprit des apprenants, des points précis de ses enseignements.

Pour comprendre la profondeur de ce message, nous devons nous référer au contexte dans lequel s'inscrit cette magnanime parole du Seigneur dans Luc 23: 34, à savoir : « *Père pardonne leur car ils ne savent pas ce qu'ils font* ».

A- Le contexte des propos de Jésus

1- Une douleur multiforme

Jésus a prononcé cette parole lorsqu'il était suspendu à la croix du calvaire. Ce jour-là, il avait été injurié, on lui avait craché dessus, on l'avait roué de coups à lui arracher la chair, on avait posé sur sa tête une couronne d'épines et on avait enfoncé des clous dans ses mains et dans ses pieds ; maintenu dans une position où il ne pouvait ni s'étirer vers le haut ni s'assoupir vers le bas pour se soulager. En proie à une intense douleur physique, spirituelle, morale et psychologique, c'est alors qu'il s'écrie : « *Père, pardonne-leur, car ils ne savent ce qu'ils font* », (Luc 23 : 34).

2- Un surpassement

Ces propos de Jésus s'inscrivent dans un contexte de surpassement. Ils portent la marque de quelqu'un qui s'est élevé au-dessus de la douleur. Ils se distinguent de la réaction du commun des mortels qui, en général, face à la souffrance, se laissent aller à des agissements non recommandables.

En effet, certains s'en prennent à Dieu. C'est le cas de l'épouse de Job qui, voyant les épreuves auxquelles son mari était confronté, lui a fait cette diabolique suggestion : « *Tu demeures ferme dans ton intégrité ! Maudis Dieu et meurs!*», (Job 2 : 9). Fort heureusement, il ne suivit pas cette proposition qu'il rejeta immédiatement comme en témoigne le verset suivant : « *Mais Job répondit : Tu parles comme une insensée. Quoi ! Nous recevons de Dieu le bien, et nous ne recevrions pas aussi le mal ! En tout cela Job ne pécha point par ses lèvres* », (Job 2 :10).

D'autres s'en prennent aux hommes. C'est ce que firent les enfants d'Israël, qui, face à leur souffrance dans le désert, murmurèrent contre Moïse, leur responsable spirituel selon Exode 17 : 2-3 et Nombre 20 : 1-5.

D'autres encore abandonnent la foi. Cela signifie que ces croyants cessent de placer leur confiance en Dieu. En conséquence, ils ne fréquentent plus les frères et sœurs dans la foi et leur assemblée. Dans la Bible, on trouve plusieurs cas de personnes qui ont abandonné la foi soit par la peur, comme les disciples dans Matthieu 26 : 56, soit à cause de l'amour du monde, comme ce fut le cas de Démas dans 2Timothée 4 : 10 ; mais les exemples d'abandon de la foi dus à la souffrance sont rares dans les Ecritures. Le seul cas que l'on pourrait évoquer dans ce sens est celui de l'épouse de Job qui, face à l'épreuve de son mari, lui a dit : « *Maudis Dieu et meurs* », (Job 2 : 9). Mais là, les textes bibliques ne nous signifient pas clairement qu'elle a elle-même abandonné la foi.

B- Le pardon selon Jésus

Le pardon selon Jésus est différent de celui des hommes. En effet, lorsque Pierre demande à Jésus s'il ne doit pardonner son prochain que sept (7) fois (Matthieu 18 : 21), il fait allusion au pardon selon les hommes, car pour lui, le pardon doit être fonction de la fréquence de l'offense. C'est le cas de plusieurs personnes qui soutiennent souvent que pour une offense on peut pardonner aisément, pour deux offenses on peut tolérer, mais pour trois offenses, il faut réagir. Mais pour Jésus, il n'y a pas de limite numérique à partir de laquelle pourrait se justifier une réaction liée à une offense même quand il dit qu'il faut aller jusqu'à soixante-dix (70) fois sept (7), c'est-à-dire quatre cent quatre-vingt-dix (490) fois.

Le pardon selon Jésus présente donc les caractéristiques suivantes :

1- Un pardon intégré à la vie du disciple

C'est dans cette perspective que Jésus répond à Pierre lorsqu'il fait allusion à l'expression « *septante fois sept* » dans Matthieu 18 : 21-22. Ainsi, loin d'être une invitation à un calcul mathématique, ces propos du Seigneur sont plutôt une interpellation, un appel solennel à ses disciples, afin que ceux-ci intègrent le pardon de façon complète et totale à leur vécu quotidien. A cet effet, il est écrit : « *Et s'il a péché contre toi sept fois dans un jour et que sept fois il revienne à toi, disant : je me repens, tu lui pardonneras* », (Luc 17 :4). Ainsi, les disciples doivent mener une vie qui rime avec le pardon, car dans la numérologie biblique, le chiffre sept (7) est une référence, une allusion à ce qui est complet, total et intégral. L'expression « Septante fois sept » signifie que tout disciple de Christ doit être toujours disposé à pardonner toutes sortes d'offenses et cela, autant de fois que nécessaire ! Ne jamais cesser de pardonner ! C'est pourquoi il est dit : « *Soyez miséricordieux, comme votre Père est miséricordieux* », (Luc : 36).

2- Un pardon par anticipation

Jésus a pardonné par anticipation à tous ceux qui ont offensé le Père Céleste, et aussi à tous ceux qui l'avaient offensé personnellement, non seulement pendant l'exercice de son ministère, mais également lors du parcours entre son arrestation et sa crucifixion. C'est pour cette raison qu'il a accepté de mourir pour les injustes que nous étions. Il l'a fait alors que nous les pécheurs, ses offenseurs, n'avions même pas encore eu l'idée de venir exprimer notre désolation, de présenter nos excuses, ou demander pardon.

3- Un pardon inconditionnel

C'est à la croix que nous le découvrons à travers les propos de Jésus lorsqu'il s'écrie : *« Père, pardonne-leur, car ils ne savent ce qu'ils font »*.

En analysant ce texte, il se dégage les vérités suivantes :

a- Ne pas tenir compte de l'offenseur

Alors que Jésus était à la croix, dans la foule qui se tenait devant lui, se trouvaient ceux qui l'avaient outragé, c'est-à-dire autant les hommes du peuple, les dignitaires religieux que les soldats romains.

Mais contre toute attente, élevant la voix, Jésus intercède auprès du Père en leur faveur. Bien que tous ceux qui l'avaient outragé soient des êtres humains, il transcende toute forme de rancœur, car pour lui, il sait qu'il n'a pas à lutter contre la chair et le sang. En tant que Dieu, il ne désire pas la mort du pécheur, mais plutôt que celui-ci vive. Cette attitude de Jésus est sublime. C'est une réaction qui fait preuve de noblesse d'âme et de grandeur d'esprit. Quel exemple !

Ainsi, quelle que soit l'identité de celui qui nous offense, nous ne devons pas refuser de lui accorder notre pardon, qu'il le sollicite ou non, et ce, quelle que soit la nature de l'offense.

b- Ne pas tenir compte du lieu de l'offense

Golgotha, le lieu du crâne où le Seigneur Jésus-Christ a été crucifié était situé sur une colline. C'était un endroit qui sautait aux yeux de tout passant. C'était une des voies d'entrée à Jérusalem. On ne pouvait donc pas y être crucifié sans attirer les regards. C'est justement là, à cet endroit public et ignominieux que Jésus a été crucifié, pratiquement nu, puisque les soldats, après l'avoir dévêtu, ont tiré sa tunique au sort comme le relatent Matthieu 27 : 35 et Marc 15 : 24. Mais quoiqu'humilié publiquement, Jésus n'en tient pas rigueur à qui que ce soit, bien au contraire. Même dans ce cadre, il implore la clémence de Dieu en faveur de ses offenseurs.

Ainsi, le lieu où s'est déroulée une offense ne devrait plus constituer pour nous un prétexte pour refuser de pardonner une offense à quiconque nous demande grâce.

c- Ne pas tenir compte de la fréquence de l'offense

Avant sa crucifixion, Jésus a connu des épreuves qui se sont succédées les unes aux autres. Mais comme il l'avait enseigné à Pierre, il a appliqué lui-même le principe du « *septante fois sept* », qui dans le fond, invite le disciple à mener une vie de pardon. C'est pourquoi, malgré la répétitivité des offenses de ce jour, à la croix, il n'a pu s'empêcher de s'écrier : « *Père, pardonne-leur, car ils ne savent ce qu'ils font* ». Là-dessus Jésus tranche avec nous. En effet, bien souvent, quand nous sommes offensés, nous n'hésitons pas à nous mettre dans la peau de Pierre. C'est le cas lorsque nous pensons qu' « *une offense, ça peut se tolérer, à la deuxième offense, je mets en garde mon offenseur et qu'à la troisième offense, je ne tolère ni ne pardonne, car trop c'est trop !* ». Si seulement en tant que disciples, nous pouvions de ce point de vue ressembler à notre Maître, nous en serions bien plus heureux et notre entourage aussi.

d- Ne pas tenir compte du degré de l'offense

Avant d'accéder à Golgotha, Jésus a connu des douleurs qui sont allées crescendo. En effet, il a d'abord été question d'actes banals tels que lui cracher dessus, l'injurier, lui donner des soufflets. Ensuite, ont suivi des sévices corporels graves causés par des coups de fouet qui lui ont endommagé la peau. Et enfin, le port de la lourde croix qui se termina par la crucifixion où il reçut des clous dans les mains et dans les pieds, sans oublier la couronne d'épines qu'on lui enfonça dans la tête en guise de diadème : c'était le paroxysme. C'est à ce moment précis, alors qu'il était au comble de la douleur, qu'il tint ces propos qui jusqu'aujourd'hui, continuent de faire école.

C- *L'interpellation*

A travers cet exemple sur le pardon, Jésus montre à tous ses disciples la manière de pardonner qui, dans sa forme et dans son fond, devient la norme à laquelle il attend de voir chacun d'eux se conformer. Ainsi, en situation d'offenseur ou d'offensé, face à toute offense, nous sommes invités à accorder le pardon de façon inconditionnelle comme Jésus l'a fait à la croix.

Les souffrances, les épreuves et les difficultés que nous rencontrons ou connaissons ne nous donnent aucunement le droit de violer la volonté de Dieu révélée dans sa Parole. Autrement, Christ ne serait pas allé à la croix. En effet quand nous voyons les souffrances qu'il a endurées avant sa mort, nous comprenons le sens de son dilemme à Gethsémané lorsqu'il disait : « *Mon Père, s'il est possible, que cette coupe, s'éloigne de moi !* ». Malgré cette souffrance qu'il devait affronter, il a ajouté cette parole pleine d'amour, de sagesse, de victoire et d'espérance : « *Toutefois, non pas ce que je veux, mais ce que tu veux* », (Matthieu 26 : 39).

De nos jours, paradoxalement, plusieurs chrétiens abandonnent la foi lorsqu'ils sont confrontés aux épreuves de la vie, comme en témoigne l'histoire du couple Amisdero.

Monsieur et madame Amisdero s'étaient mariés selon les règles religieuses en vigueur. Ils avaient observé le principe de la chasteté dans les fiançailles, célébré le mariage traditionnel, ainsi que les mariages civil et religieux. De leur union sont nés des enfants. Malheureusement, l'homme, qui travaillait dans une entreprise, en fut licencié à cause de la crise économique que traversait notre pays. Pour survivre, la femme dut se résoudre à vendre des beignets pendant un temps. Par la suite, ne pouvant plus supporter la galère qu'elle vivait, elle quitta le domicile conjugal, se retrouva dans les bras d'un autre homme et abandonna la foi. Quel drame !

Chapitre 13 :

Le pardon et l'oubli

Le pardon et l'oubli sont deux termes qui sont très récurrents dans le domaine du règlement des conflits, des crises, des offenses et de la relation d'aide. Jacques Poujol en dit ce qui suit : « *Ils souffrent d'interprétations abusives. Ils ont souvent été présentés comme une potion magique, une solution miracle à toutes les blessures comme des actes qui cicatriseraient, guériraient, supprimeraient toute souffrance et qui nous introduiraient dans un océan de bonté et d'amour infini résumé dans des sortes de slogans allant de* : « *ne pas pardonner inconditionnellement, c'est s'exposer à ne pas recevoir de pardon de Dieu* » *ou* « *si tu n'arrives pas à oublier, c'est que tu n'as pas pardonné* » ; *faisant ainsi de la victime un coupable* »[18]. Les opinions sur la question du pardon et de l'oubli divergeant donc, nous devons nous y intéresser de plus près.

A- Approche définitionnelle

1- Définition du pardon :
se référer aux définitions antérieures sur le pardon.

2- Définition de l'oubli

L'expression hébraïque la plus utilisée pour exprimer la notion d'oubli, est le mot « shakhakh » qui signifie littéralement «négliger, abandonner, dédaigner » (Psaumes 88 : 13, Deutéronome 32 : 18, Genèse 41 : 51). Mais ce vocable peut faire allusion à d'autres sens :

---

[18] Jacques Poujol, *Les 10 clés de la relation d'aide* (Paris : Empreinte Temps Présent, 2002), P. 60.

a- Dans Esaïe 54 : 4, il est écrit : « *Ne crains pas, car tu ne seras point confondue ; Ne rougis pas, car tu ne seras pas déshonorée ; Mais tu oublieras la honte de ta jeunesse, Et tu ne te souviendras plus de l'opprobre de ton veuvage* ». Dans ce passage, il est fait allusion au mot oubli dans le sens de ne plus se souvenir de, ne plus ressentir une douleur. Esaïe 57 : 8 aborde aussi le mot "oubli" dans ce sens lorsqu'il dit : « *Tu mets ton souvenir derrière la porte et les poteaux ; Car, loin de moi, tu lèves la couverture et tu montes, Tu élargis ta couche, et tu traites alliance avec eux, Tu aimes leur commerce, tu choisis une place* » dans la pensée de mettre le souvenir de quelque chose derrière soi.

b- Dans 1 Samuel 12 : 22, le verbe « abandonner » qu'emploie l'auteur quand il dit : « *L'Eternel n'abandonnera point son peuple, à cause de son grand nom, car l'Eternel a résolu de faire de vous son peuple* », a le sens de l'oubli dans la perspective de prendre une résolution sur soi-même pour laisser quelque chose.

c- Romains 11 : 1 : «*Je dis donc : Dieu a-t-il rejeté son peuple ? Loin de là ! Car moi aussi je suis Israélite, de la postérité d'Abraham, de la tribu de Benjamin* » fait allusion à la notion d'oubli dans le sens de rejeter, ne pas en tenir compte ou faire cas de.

Remarques :

1) De façon générale, le terme « shakhakh » employé pour oubli est utilisé en rapport avec l'offensé et la dette de l'offenseur. L'oubli est ainsi mis en rapport avec la capacité ou la faculté de l'offensé à se dépasser, à lâcher prise, à ne pas se souvenir de manière à ressentir un sentiment de vengeance. Ainsi, l'oubli dans ce contexte hébraïque, ne fait pas allusion à une absence de souvenir, une disparition ou l'état d'une non-existence, d'une offense commise dans l'histoire de l'offenseur et de l'offensé. En dehors de cette approche, il serait aussi intéressant que nous nous penchions sur la définition qu'en donne le dictionnaire, afin que nous nous fassions une idée beaucoup plus claire de ce vocable.

2) Le dictionnaire du Français Vivant[19] de Maurice Davau, Marcel Cohen et Maurice Lallemand emboîte le pas à la conception hébraïque pour définir le mot oubli en des expressions suivantes :

Il y a oubli lorsque la mémoire n'a pas retenu quelque chose ; lorsqu'elle ne sait pas. Lorsqu'on laisse passer une chose sans y penser, on a oublié. C'est passer l'éponge sur quelque chose, c'est pardonner.

C'est aussi omettre, négliger, ne plus s'intéresser à quelque chose. C'est enfin, délaisser ses propres intérêts pour les intérêts d'autrui, une marque de désintéressement.

B- Les différents types d'oubli

La définition que donne le dictionnaire du Français Vivant évoqué plus haut, permet de dégager différents types d'oubli.

1- L'oubli maladif

Cet oubli est relatif à un manque de la capacité de la mémoire à pouvoir retenir des faits, des situations. Il s'agit d'une défaillance de l'appareil psychique. C'est un oubli d'ordre maladif dû à une dégénérescence de l'espèce humaine. C'est un cas pathologique.

2- L'oubli sélectif

Il fait allusion à la capacité qu'a la mémoire d'omettre souvent les faits de très moindre importance, de manière à ne plus nous en souvenir.

---
[19] Maurice Davau, Marcel Cohen, Maurice Lallemand, *Le Dictionnaire du Français Courant* (Paris : Bordas, 1972).

3- L'oubli didactique ou pédagogique

Il est relatif à la capacité qu'a l'homme d'abandonner, de laisser, de ne plus considérer ou donner de l'importance à un fait. Cet oubli est un acte conscient, réfléchi et volontaire émanant d'un individu.

Alors, une question mérite d'être élucidée : est-ce qu'on oublie lorsqu'on a pardonné ?

Nous répondrons à cette interrogation dans la partie suivante de notre réflexion traitant des rapports entre le pardon et l'oubli.

C- Rapport entre le pardon et l'oubli

1- Rapport de séparation et de parallélisme au niveau terminologique

a) Le rapport de séparation

David Augsburger fait remarquer que « *pardonner est, d'un point de vue linguistique, une forme intensive, élargie et renforcée du verbe donner. Par intensive, nous entendons traduire la forme la plus profonde du verbe donner, se donner, libérer et accepter de lâcher des aspects de sa personne auxquels nous tenons fortement* »[20]. Nous abandonnons donc le droit à la vengeance, à la perfection, à la justice et nous accordons à nous-mêmes ou à l'autre personne la liberté envers le passé et une issue vers l'avenir.

Le pardon est un don et est en rapport avec la rémission d'une dette ; il est donc d'ordre juridique. Il est mis en rapport avec l'offenseur et sa dette dans le sens où il vise à libérer l'offenseur de sa dette lorsque l'oubli est en rapport ou souvent mis en rapport avec l'offenseur et la dette de l'offenseur ; il vise à libérer l'offensé de la dette

---
[20] David Augsberger, *Solutions pratiques pour pardonner l'impardonnable* (Paris : Vida, 2004), P. 16.

de l'offenseur. Alors l'oubli manifesté par l'offensé permet à l'offenseur de bénéficier du pardon de façon générale.

b) **Le rapport de parallélisme**

De façon terminologique, le pardon est défini comme « *cesser d'avoir du ressentiment envers quelqu'un* » selon le dictionnaire Webster et le contenu des mots hébraïques utilisés pour « pardon ». Cependant, le terme « oubli » peut prendre ce même sens lorsqu'il est défini comme « *ensemble de faits ou offenses dont on se souvient mais pas de manière à tirer vengeance de l'offenseur* ». Ces deux mots semblent avoir le même contenu, la même signification mais ils sont différents l'un de l'autre. C'est une ressemblance, c'est ce que l'on appelle parallélisme.

2- Rapport de primauté et de suprématie du pardon sur l'oubli didactique

On n'oublie pas avant de pardonner, mais on pardonne avant d'oublier. Une action a lieu avant l'autre et l'une déclenche l'autre. Le point de départ c'est le pardon qui a la primauté et la suprématie ; car sans pardon, il n'y a pas d'oubli. L'oubli n'est que la conséquence du pardon. L'oubli didactique dont il s'agit ici est la finalité du processus de pardon. Dans ce sens, le pardon est un processus et l'oubli est une fin.

3- Rapport de complémentarité et d'interdépendance

Nous voulons distinguer ici deux types de complémentarité entre ces deux termes.

a) Au niveau fonctionnel

Le pardon comme nous le disions tantôt est une notion, un concept juridique ou pénal. Le pardon est donc l'acte que pose l'offensé pour libérer l'offenseur de la peine qu'il devait subir. Dans ce sens, le pardon vient harmoniser, fait baisser une tension, un conflit entre deux entités.

Or, c'est le rôle que joue aussi l'oubli didactique. Il est de nature à lâcher prise et permet à l'offensé de prendre sur lui-même des décisions pour ne pas avoir du ressentiment vis-à-vis de l'offenseur désormais. A ce niveau, les deux jouent le même rôle : celui de faire baisser des tensions, d'harmoniser une situation conflictuelle.

b) Au niveau relationnel

Dans la perspective de l'avenir, le pardon et l'oubli visent à stabiliser et harmoniser les relations entre deux personnes ou entités. Pour des relations futures, matures et pleines de responsabilité, ces deux termes ou réalités de la vie sociale doivent entretenir des liens d'interdépendance et de complémentarité.

L'aspect didactique ou pédagogique de l'oubli a pour effet de nous instruire surtout au sujet de la patience et de la tolérance ; car quiconque n'a jamais été blessé intérieurement ne peut comprendre la grandeur de l'amour de Dieu manifesté à son endroit et de ce fait, reste trop exigeant vis-à-vis des autres auxquels il accordera difficilement son pardon.

Dans ce sens, le pardon est un don et l'oubli une expérience humaine permettant de comprendre l'amour et le pardon de Dieu pour soi. L'oubli devient comme ce qu'est la pratique à la théorie et le pardon ce qu'est la théorie, à la pratique.

L'oubli didactique devient une nécessité dont le pardon est le sujet.

4- Le pardon et l'oubli : facteurs régulateurs de notre vie intérieure et extérieure

En tant que facteurs régulateurs de notre vie intérieure et extérieure, le pardon et l'oubli ont au préalable besoin de repentance, élément indispensable pour déboucher sur la réconciliation et contribuer à la paix intérieure.

a) Le pardon et l'oubli à travers la repentance

La repentance de l'offenseur est nécessaire pour que celui-ci obtienne le pardon de l'offensé. En nous fondant sur Luc 13 : 5 ; 17 : 3 : « *Non, je vous le dis. Mais si vous ne vous repentez, vous périrez tous également* » ; «*Prenez garde à vous-mêmes. Si ton frère a péché, reprends-le ; et, s'il se repent, pardonne-lui* », nous observons que la repentance est de Dieu. Quand elle intervient, elle permet à l'offensé de baisser sa garde. Dès lors, le processus de pardon peut aboutir à l'oubli. De cette manière, l'on gagne en matière de temps que l'on aurait certainement perdu à gérer les fautes et blessures graves enregistrées de part et d'autre des belligérants.

Le pardon vrai et l'oubli vrai venant d'un cœur sincère interviennent soit avant soit après l'acte de repentance de l'offenseur. Lorsqu'on entend souvent dire « *avant que tu ne viennes t'excuser, je t'avais déjà pardonné* » ou « *depuis que j'ai rencontré Jésus-Christ qui m'a pardonné mes offenses, je pardonne aussi les offenses et je les oublie*», c'est simplement parce que la tension avait déjà été baissée par les ressources intérieures, c'est-à-dire les blessures intérieures passées et guéries, qui constituent désormais une base de données pour l'offensé, en terme d'éléments oubliés, éléments dont il ne fait plus cas pour se venger, mais dont il se sert pour s'instruire. C'est une approche didactique.

La repentance est nécessaire pour l'offenseur en ce qu'elle lui permet de réaliser qu'il n'a pas raison, que son mal n'est pas cautionné et que la repentance demeure sa contribution au partage de l'amour que lui manifeste l'offensé. Elle est indispensable pour qu'il soit délivré de son mal ; la repentance déclenche le pardon de l'offense et tout le processus aboutissant à l'oubli didactique de façon générale au niveau de l'offensé. Ce pardon et cet oubli ont des effets au niveau physique, émotionnel, relationnel et spirituel qu'il ne faut pas négliger. Mais, comme l'indique Matthieu 18 : 15-18, *Si ton frère a péché, va et reprends-le entre toi et lui seul. S'il t'écoute, tu as gagné ton frère.*

Mais, s'il ne t'écoute pas, prends avec toi une ou deux personnes, afin que toute l'affaire se règle sur la déclaration de deux ou de trois témoins. S'il refuse de les écouter, dis-le à l'Eglise ; et s'il refuse aussi d'écouter l'Eglise, qu'il soit pour toi comme un païen et un publicain. Je vous le dis en vérité, tout ce que vous lierez sur la terre sera lié dans le ciel, et tout ce que vous délierez sur la terre sera délié dans le ciel ». L'église doit désormais entreprendre une œuvre d'évangélisation auprès de l'offenseur. Que doit faire alors l'offensé ?

L'offensé doit lâcher prise ou comme le dit si bien Jacques Buchhold dans son ouvrage intitulé le Pardon et l'Oubli, *« délier »*[21] l'offenseur.

Pour lui, et c'est la position que nous partageons à sa suite, c'est qu'en situation même d'endurcissement du cœur de l'offenseur, l'offensé doit se décharger, laisser à Dieu tout le mal qui lui a été causé. Le pardon et l'oubli doivent être inconditionnels pour inhiber les tensions internes à l'offensé de manière à lui permettre de retrouver son équilibre moral, émotionnel, physique et spirituel.

---
[21] Jacques Buchhold, *le pardon et l'oubli* (France : Excelis, 1997), p. 100.

b) Le pardon et l'oubli didactique à travers la réconciliation

Le pardon efface la faute, l'oubli gère les traces de l'offense comme une base de données instructives et peut se comprendre comme une notion d'ordre archivistique, tandis que la réconciliation supprime l'inimitié entre les deux personnes ou entités en conflit.

Notre pardon devrait normalement déboucher sur la réconciliation, sur une nouvelle relation avec l'offenseur, sur la fin de l'inimitié, sur l'apaisement de l'offense, sur la réparation du mal dans la mesure du possible et sur la confiance retrouvée.

Même si le pardon le plus sincère s'accompagne le plus souvent de méfiance pour nous garantir un espace vital dans notre vie affective et relationnelle comme le dit Jacques Buchhold, nous devons arriver à cette réconciliation ; et le pardon et l'oubli y sont pour beaucoup.

En effet, comme le dit Proverbes 17 : 9 selon la version Traduction Œcuménique de la Bible (TOB) : « *Qui recherche l'amitié oublie les torts* » ; tendre vers l'amitié stimule en l'offensé une détermination, un élan, une énergie le poussant à ne plus revenir sur les torts subis, à « oublier ».

L'oubli et le pardon de la faute sont donc nécessaires pour tourner la page du passé. La promesse de l'offenseur de ne plus blesser l'offensé est un engagement qui, s'il est ferme, vient pour offrir une perspective meilleure aux relations futures.

Au total, le pardon et l'oubli interviennent comme des facteurs inhibiteurs des mauvais sentiments en nous, neutralisant leurs effets afin de nous permettre d'accéder à l'équilibre nécessaire à notre croissance physique, émotionnelle, relationnelle, psychologique et spirituelle, pour une vie intérieure et extérieure pleine de maturité et de responsabilité.

D- Quelle forme d'oubli s'accommode-t-elle avec le pardon qu'offre le chrétien ?

En nous fondant sur cette profonde assertion de Thomas Szasz qui déclare que « *L'insensé ne pardonne ni n'oublie ; Le naïf pardonne et oublie ; Le sage pardonne mais n'oublie pas* »[22], la question que l'on est en droit de se poser est celle de savoir ce qu'il doit alors en être du chrétien.

A ce stade, il convient de dire simplement que le chrétien doit pardonner, oublier dans la perspective didactique, c'est-à-dire de tirer des leçons. Il doit éviter de se souvenir des faits pour en tirer vengeance ou aboutir à des attitudes soit hostiles soit négatives à l'égard de son offenseur. Charles Simmons appréciait à sa juste valeur ce genre d'attitude à travers cette remarque : « *Il y a un oubli noble, celui qui ne se souvient pas des torts* »[23]. Oublier une offense ou un tort que l'on a connu est une opération difficile, mais pas impossible, dans la mesure où il est écrit qu'avec Dieu, nous ferons des exploits. Cependant, tout en comptant sur Dieu, la prière fervente et une ferme volonté doivent aussi être engagées. C'est à ce prix que le succès sera garanti.

Dans le Psaume 130 : 3-4, nous lisons ce qui suit : « *Si tu gardais le souvenir des iniquités, Eternel, Seigneur qui pourrait subsister ? Mais le pardon se trouve auprès de toi afin qu'on te craigne* ». Il se dégage de ces lignes que Dieu oublie nos iniquités. Il le fait dans la perspective de ne plus en tenir rigueur au pécheur, montrant aux chrétiens la voie à suivre en la matière.

---

[22] Thomas Szasz par David Stoop dans *solutions pratiques pour pardonner l'impardonnable*, (Nîmes : Vida, 2004), P. 19.
[23] Charles Simmons par Frank S. Mead dans *12,000 Religious Quotations*, P. 149.

Conclusion

Le pardon est un acte de volonté personnelle qui nous oriente soit vers les hommes, soit vers Dieu. Quoiqu'il donne du fil à retordre à certaines personnes, plusieurs autres au nombre desquelles figurent des personnages bibliques tels que Joseph, Job, David et Jésus ont su triompher du manque de pardon. Des actes hautement significatifs qu'ils ont posés en matière de pardon, se dégagent en filigrane, un tableau synoptique d'enseignements forts utiles pour l'humanité en général et pour les chrétiens en particulier.

Ainsi, face à une offense, nous sommes appelés à pardonner d'avance, en attendant que l'offenseur n'entreprenne de venir demander pardon. Lorsque nous offensons notre prochain, pour faciliter la démarche de réconciliation, nous devons transcender l'orgueil, surmonter la honte, et nous détourner des mauvais conseillers, car ces éléments en constituent des obstacles majeurs.

Par ailleurs, quand nous constatons que quelqu'un a quelque chose contre nous, nous devons également aller vers lui pour évacuer le litige, l'offense ou la cause qui sous-tend son hostilité à notre endroit.

Mais par-dessus tout, quand notre semblable nous offense et qu'il vient à nous pour demander pardon, nous devons lui pardonner. Refuser de pardonner est un péché, car il relève d'une désobéissance à Dieu.

Toutefois, il convient de souligner que ce n'est pas à la manière des hommes qu'il nous faudra accorder le pardon en tant que chrétiens. Nous devons plutôt nous conformer au modèle de Jésus, qui nous oriente vers un pardon inconditionnel, c'est-à-dire qui ne tient pas compte de l'offenseur, du degré de l'offense, de la fréquence de l'offense ou du lieu de l'offense, pourvu que l'intéressé soit repentant et sincère.

Le pardon ouvre la porte aux bénédictions célestes. Il est une source de bonne santé physique, morale et spirituelle. Tout être vivant, doit en faire une priorité dans sa vie afin que notre société se porte mieux. Quant au croyant de manière spécifique, son vécu quotidien doit constamment rimer avec le pardon, afin qu'il n'ait pas de portes ouvertes à l'ennemi de son âme, le diable, et qu'il continue de jouir des diverses grâces que Dieu lui réserve.

Facteur de réconciliation, mais également de paix durable et vraie, le pardon est une expression de grandeur d'âme. Il est régi par des règles qui militent en faveur de sa réussite. De ce point de vue, il est aussi un art dont nous devons contribuer à la promotion au plus haut niveau de nos sociétés humaines. C'est à ce prix que les fondements éthiques du village planétaire en construction ne seront pas sapés, mais seront toujours hissés au plus haut niveau et sauvegardés pour le bonheur des générations à venir.

L'approche linguistique des deux termes que sont le pardon et l'oubli, met en évidence des rapports qui s'étendent de la séparation au parallélisme, de la primauté à la suprématie, ainsi que de l'interdépendance à la complémentarité.

Le rôle de régulateur que jouent le pardon et l'oubli dans la vie intérieure de chaque individu, leur confère une valeur de repère socio-spirituel certain. Ils sont donc incontournables tant au niveau des individus que des collectivités. A ce titre, ils méritent non d'être relégués à l'arrière-plan des priorités existentielles des êtres humains, mais plutôt de survivre. Préservons donc le pardon et évoluons aussi dans le sens de l'oubli.

Le moyen par excellence de le réussir c'est de naître de nouveau, c'est-à-dire faire la paix avec Dieu, en acceptant Jésus-Christ comme Seigneur et sauveur personnel, seule garantie de réconciliation avec le Père céleste et avec les hommes.

Bibliographie

Pope, Alexander. *12,000 Religious Quotations.* Grand Rapids : Baker Book House, 2000.

Arzouni, David F. Missionnaire Américain ayant servi en Côte d'Ivoire de 1978 à 1992.

Augsberger, David. *Solutions pratiques pour pardonner l'impardonnable.* Paris : Vida, 2004.

Forest, Baiser. Missionnaire américain ayant servi en Côte d'Ivoire de 1992 à 1994.

Buchhold, Jacques. *Le pardon et l'oubli.* France : Excelsis 1997.

Davau, Maurice, Cohen Marcel, Lallemand Maurice. *Le Dictionnaire du Français Courant.* Paris : Bordas, 1972.

Descartes, René. *Discours de la méthode*, Paris : Livre de poche 1997.

Grudem, Wayne. *Théologie systématique.* France : Vida, 2007.

Hatzakorzian, Samuel et Dorothée. *Le Pardon est une Puissance qui libère* France : Compassion, 3ème Ed. 1980.

Elisabeth, La Reine. *12, 000 Religious Quotations.* Paris : Empreinte Temps présent, 2002.

Lavatar, Johann Kaspar. *12,000 Religious Quotations.Paris :* Empreinte Temps Présent, 2002.

Larousse, *dictionnaire encyclopédique des noms communs*. 1994.

LG infos du mardi 11 décembre 2012, p. 7.

Maslov, Abraham. par Jacques Poujol. *Les 10 clés de la relation d'aide*. Paris : Empreinte Temps Présent, 2002.

Mead, Frank S. d'auteur anonyme dans *12,000 Religious Quotations*. Grand Rapids : Baker Book House, 2000.

Poujol, Jacques. *Les 10 clés de la relation d'aide*. Paris : Empreinte Temps Présent, 2002.

Williams, Redford, Virginia Williams, par David Stoop. *Solutions pratiques pour pardonner l'impardonnable*. Paris : Vida, 2001.

Segond, Louis. *La Sainte Bible*. Brésil : Alliance Biblique Universelle, 2008.

Simmons, Charles. *12,000 Religious Quotations*. Grand Rapids: Baker Book House, 2000.

Stoop, David. *Solutions pratiques pour pardonner l'impardonnable*. Paris : Vida, 2001.

Szasz, Thomas. *Solutions pratiques pour pardonner l'impardonnable*, Nîmes : Vida, 2004.

Teague, Willard. Missionnaire américain ayant servi en Côte d'Ivoire de 1970 à 1984.

www. Statistiques-mondiales.com/afrique_guerre.htm

www.rfi.fr/émission/ 2012 1202-1- pardon-dans-relations-internationales.

Oui, je veux morebooks!

i want morebooks!

Buy your books fast and straightforward online - at one of world's fastest growing online book stores! Environmentally sound due to Print-on-Demand technologies.

Buy your books online at
www.get-morebooks.com

Achetez vos livres en ligne, vite et bien, sur l'une des librairies en ligne les plus performantes au monde!
En protégeant nos ressources et notre environnement grâce à l'impression à la demande.

La librairie en ligne pour acheter plus vite
www.morebooks.fr

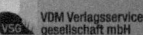

VDM Verlagsservicegesellschaft mbH
Heinrich-Böcking-Str. 6-8   Telefon: +49 681 3720 174   info@vdm-vsg.de
D - 66121 Saarbrücken   Telefax: +49 681 3720 1749   www.vdm-vsg.de

www.ingramcontent.com/pod-product-compliance
Lightning Source LLC
Chambersburg PA
CBHW030234240426
43663CB00036B/439